50 YEARS OLD SE'S WAY OF LIVING

50歳SEの生き方

日経BP社 松山貴之

ライター 牛島美笛

日経BP社

まえがき

SEの高年齢化が進む

厚生労働省の統計調査によると、SEの年齢構造は2000年を境に大きく変わっている。1990年代は20代と30代のSEが90%以上を占めていたが、2000年を境に40代SEが増え続けている。5年前（2013年）の統計調査によると、20代と30代で併せて60%、40代以上が40%を占めている。5年前の時点で45歳以上のSEは約25%を占めており、今（2018年）はその世代が50代になっていることから、現在、50代SEはおそらく20%程度を占めていると思われる（『高齢化するソフトウェア技術者の労働市場に関する実証研究』（神戸大学大学院経済学研究科 磯部好孝）を参照）。

つまり、IT業界にとって、50代はボリュームゾーンといえる。一昔前「SE35

歳定年説」という言葉がはやったが、今となってはまったく当たらない。全SEの20％を占める50代SEは、IT企業で中核業務を担っているのは間違いない。

ただし、ボリュームゾーンであるということは、ラインの管理職ではない50代もたくさんいるということだ。管理職として働くことが必ずしも良いことではないし、特にSEは技術職なので、「技術の仕事をしたい」「現場を離れたくない」と志願して管理職への道を拒む人も少なくないという。

では、50代SEはどのような働き方をしているのだろうか。企業内の環境整備は進んでいるのだろうか。

Web記事に大きな反響

IT業界は比較的歴史の浅い業界であり、50代はSE第1世代といえる。日本の多くの大手企業は団塊世代が50代に突入したとき、シニア世代の労働環境をある程度整備したと思われるが、IT業界に団塊世代はほとんどおらず、IT企業の環境整備は今まさに始まったところである。

日経ＢＰ社のＩＴ総合サイト「ITpro（現・日経クロステック）」にて「どうする？50代ＳＥ」（２０１７年7月公開）という記事を掲載したところ、大きな反響があった。その反響の大きさから、「50代ＳＥ（予備軍となる40代後半含む）の不安」が感じられた。ＩＴ企業でシニア世代の環境整備が始まったところだとすると、現状は大手に限られ、おそらく中堅・中小のＩＴ企業ではほとんど未整備であろう。働き方のロールモデルがあれば良いのだが、業界の第1世代であるだけにそうした人を探すのも難しい。

キーワードは「幸せ」

そこで、50代ＳＥの方々の不安を少しでも解消しようと企画したのが本書である。本書をパラパラとめくってみればわかるが、50代ＳＥの方々の実際の働き方をたくさん載せている。「こんな働き方もあるのか」「この働き方はいいな」と、自分に合った働き方の参考にしてほしい。

本に載せるに当たって、いわゆるスーパーマンにしかできない働き方は外している。50代になって新しいことに挑戦する人はたくさんいるが、今から不得意な領域をマスターするのは簡単ではないし、ステップアップのための転職も難しいのが実情である。

本書に載せる際に重視したことは、働いている本人が「幸せ」に感じているかどうかである。実際、取材したほとんどの人は、今の仕事にやりがいを感じている。役職などではなく、仕事そのものにモチベーション高く取り組んでいるのだ。自分から「幸せです」とはなかなかおっしゃらないが、「幸せ」といえるものばかりであった。

SE経験は多くのスキルをもたらしてくれている

自分に合う働き方を探すに当たって、歩んできたキャリアに近い人を探すのは1つの方法である。そこで第1章では、多くの50代SEがどんなキャリアを積んで来たのかをまとめた。50代SEは、未熟だったIT業界の変遷を経験してきており、一度立ち止まって振り返ってみることをお勧めする。

本書に登場する人は、全員「自分のことをわかっているなあ」という印象である。自分を知らなければ、自分に合った働き方を見つけることはできない。たまに「自分には何もない」とおっしゃる方がいるが、そんなことは絶対にない。SEとして30

年近く働いていれば、その間に多くのスキルを身につけているのは間違いない。その自分のスキルに気づくことが、幸せな働き方を見つける第1歩となる。

誤解してほしくないのは、本書は働き方の変更をお勧めするわけではない。今いる職場でも、考え方を見つめ直し、自分を肯定するだけでも大きく違ってくる。

働き方を6つに分類

12人のSEにインタビューし、著者の文責として彼ら・彼女らの生き方を綴った。第2章から第7章は、その生き方を「6つの戦略」に分類して紹介する。

最初は「強みを極める」戦略。AGC旭硝子の三堀さんは、インフラ技術を極めている。クラウドなどのインフラテクノロジーはどんどん進化しており、それを「会社の進むベクトル」と合わせることができれば、テクノロジーの力を企業の力に変えることができる。インフラエンジニアならではの貢献と言えよう。NECソリューションイノベータの鈴木さんは、マネジメントスキルを極めている。ソフトウエア開発の職場では、技術がわかるからこそ活きるマネジメントがある。会社もシニア世代の力を活かすべく制度を整え、60歳の定年後も会社に残り「勤務シニアアドバイザー」として、マネジメントのサポートなどを行う予定だ。

次は「軸足を半歩ずらす」戦略。ロンググロウの芹沢さんは、システム開発を得意とする。現在はその軸足を少しずらし、レガシーマイグレーションに取り組んでいる。マイグレーション専業会社に勤め、なくてはならない存在として働いている。富士通の鈴木さんは、従来のSE像には当てはまらない働き方をしている。あえていうなら「未来のSE」の働き方と言えるだろう。IT業界以外の人と協業し、その業界の技術とITを組み合わせ、これまでになかった新商品を創り出している。

3つめの戦略は「替えがきかない人に」なるだ。SCSKの枡澤さんは、アプリとインフラをつなぐ「システムの要」として、替えのきかない人になっている。最近のシステム開発では、インフラとアプリ開発の分業制をとっている。そうするほうが効率がよい半面、アプリ開発者はインフラのことがわからなく、インフラ担当者はアプリ開発のことがわからなくなることもある。両者をつなぐエンジニアは長年両方を経験したSEでなければできない。アシストの蝦名さんは、「運用にこの人あり」と誰もが認める人物だ。運用一筋のキャリアは替えのきかないもので、これからも「運用の現場を改善していきたい」と新しいチャレンジをし続けている。

4つめは「自分の環境を作る」戦略だ。日本リミニストリートの服部さん（仮名）は、結婚・出産を経験し、外資系企業を渡り歩き、自分の仕事のスタイルをしなやかに磨き上げてきた。ヒューマンスキルを駆使して自分の働きやすい環境を築き、ERPコンサルタントとして第一線で働き続けている。トライポッドワークスの遠藤さんは、若い人たちの「お手本」となることを意識し、自分の働く環境を作っている。大企業ではない会社だからこその働き方として参考になる。

5つめは「得意を『副業』に」する戦略。牧田さん（仮名）と安藤さんは、プログラミングスキルやシステム開発の経験を活かして副業をしている。クラウドソーシングに登録し、会社外でお金を得ているのだ。現在では少数派だが、実際に始めている本人たちは「副業容認が日本社会をよくする」と、その可能性を実感している。今後、SEにとって、要注目の働き方だ。

最後は「SE経験が武器」となる戦略。NTTデータ経営研究所の早乙女さんは、SEの経験を活かしてコンサルタントとして活躍している。彼のインタビューから、コンサルタントに向くSEとそうではないSEが見えてくる。日本IBMの網野さんの働き方を見ると、ＩＴの可能性を大きく感じさせる。網野さんはたまたま気象予報士としての資格を持っていたことから、会社が気象サービスを始めるにあたりマネジャーに抜擢された。気象情報を提供するにはＩＴが欠かせず、ＳＥ経験は大きな武器になっている。それは気象に限った話ではない。今後、あらゆる業界でサービス提供が行われるだろう。そこに、ＳＥの力は絶対に必要になる。

最後の第8章は、シニア社員活用を推進する産業カウンセラーとして活躍する﨑山みゆきさん（株式会社自分楽 代表取締役）へのインタビューに基づいて、50代の行動様式として構成した。「無理して変わる必要はない」など、実践的なアドバイスが役に立つはずだ。

本書は「自分のスキルに気づく」助けになるだろう。さらに、自分のスキルに気づいてから改めて本書を読むと、「ＳＥ経験を活かしたこんな働き方があるなんて気づかなかった。自分もやってみよう」といった発見があるはずだ。

あなたの働き方が本書によってより良いものになることを願います。

２０１８年４月　著者

目次

※本書では敬称を略しています。また、年齢・肩書きは取材当時のものです。

第1章

50代SEが歩んできたキャリア

50 YEARS OLD SE'S WAY OF LIVING

入社当時はメインフレーム全盛

2018年1月に50歳を迎えるSEを想定し、社会人1年生からの歴史を振り返ってみる。

SE1年生は1990年。世はバブル景気にわいていたころだ。IT業界（当時はコンピュータ業界やソフトウエア業界と呼ぶケースが多かった）には新しい会社がいくつも誕生し、多くの学生が将来性を感じてコンピュータ会社に入社した。目立ったのは文系学生の入社である。そもそも日本には情報工学を教える大学は少なく、当時は金融機関が理系人材を大量採用していたこともあり、IT業界には大量の「文系SE」が誕生する。多くの文系SEは、会社に入ってからすべてを学んだといっても過言ではない。

50代SEがコンピュータ会社に入社したころは、メインフレーム全盛である。金融機関の第3次オンラインシステムをはじめ、多くのコンピュータシステムがメインフレームで構築されていた。SE1年生の新入社員研修は、メインフレーム技術の習得のほか、COBOLやFortranによるプログラミングだったはず。つまり、多くの

50代SEはプログラミングスキルを習得している。1つのプログラム言語に精通すれば、たとえ言語が変わっても苦にしない、とはよく言われることだ。

メインフレーム技術を知る50代SEは、今となっては貴重な存在である。以降の世代はメインフレームに触れていない人が多く、メインフレームを知らないSEは少なくない。少し話はそれるが、メインフレームは今でも現役で使われており、システムを新たなマシン環境に乗せ換えるマイグレーション需要は今も続いている。その現場では、メインフレーム技術を知る50代SEは貴重な戦力として重宝されている。

20代はクライアント／サーバーシステムの時代

1990年はメインフレーム全盛であったものの、海の向こうの米国では新たなムーブメントが起きていた。メインフレームからの「ダウンサイジング」であり、それによって構築されるシステムを「オープンシステム」と呼んだ。メインフレームは基本的にコンピュータメーカーの独自技術のかたまりで、CPU、メモリー、ディスク、ネットワーク、OS、データベースなどをすべて同じ会社が提供している。他社製品と組み合わせることはしない。それに対してオープンシステムとは、メーカー押しつけのコンピュータを使うのではなく、システムを利用する企業が最適なものを集め、自分たちで組み上げて作ることを指している。メーカーのいいなりになる時代は終わりを告げ、利用企業が主体的にシステムを構築する時代に突入したのである。

国内の初期のオープンシステムは、UNIXサーバーを導入し、そこにRDBMSの「Oracle」を搭載、ネットワークソフトに「NetWare」を使ってクライアントPCと接続するシステム構成だった。「クライアント／サーバー型」と呼ばれるもので、ビジュアル開発ツールを使ってパソコン上で動作するプログラムを開発し、サーバーのRDBMSにアクセスするアーキテクチャーであった。

50代SEが20代のころは、「クライアント／サーバーシステム」がメインストリームである。そのころに必要とされたスキルは、リレーショナルデータベースのデータ設計を筆頭に、ネットワーク技術のほか、サーバーOSとして利用していたUNIXの技術が求められた。アプリケーション開発では、Visual Basicを代表とするプログラミング言語を使いこなしていた。

オープンシステム勃興期には多くのコンピュータ製品が登場する。UNIXサーバーとして日本IBM、サン・マイクロシステムズ、日本ヒューレット・パッカードなどが、RDBMSソフトとして日本オラクル、サイベース、インフォミックスなどが製品を次々と投入。また、UNIXサーバーの代替製品として、Intelチップを搭載したPCサーバーも登場し、毎月のように新たな製品が登場していた。新製品の登場で競争が生まれ、オープンシステムはコストダウンというメリットをもたらしていた。

一方で、SEにとってオープンシステムは厳しい面があった。システムトラブルやプロジェクトの破綻などだ。オープンシステムでは、（明確な機器の故障などを除いて）不具合は基本的にハードやソフトを組み合わせている側が責任を持つ。つまり、SEが解決しなければならなかった。「システムの異常停止」「システム性能が低い」などのトラブルのほか、システム開発プロジェクトがとん挫してしまうケースも多く、50代SEが20代のころのSE職場は「3K（＝きつい、帰れない、給料が安い）」職場と呼ばれるようになった。

1990年代は業界全体が未熟であったといえる。今となっては当たり前だが、その頃は「上流工程」や「プロジェクトマネジメント」があいまいで、「システムが完成しない」「システムを作ったはいいが顧客の要望を満たしていない」「開発が遅れれてむやみに人を投入する」、そんなプロジェクトがあちこちにあった。この頃「失敗プロジェクト」を経験した50代ＳＥは大勢いる。失敗を経験していれば、失敗の予兆に敏感になるものだ。その意味でも、50代ＳＥは貴重な経験を積んでいる。

30代はＷｅｂシステムの時代

１９９０年代にはコンピュータの新技術が次々と生まれている。あとから考えて最もエポックメイキングだったのは「Ｗｅｂ」の登場だろう。インターネットはすでに商用化されていたが、まだ一部の人が利用するもので、それを変えたのがＷｅｂである。ＷｅｂはHTMLで記述した文書にHTTPというネットワークプロトコルでアクセスするもので、極めてシンプルな仕組みだが、「Ｗｅｂブラウザー」さえあれば世界中のインターネット上の文書を閲覧できる。これまで情報（データ）はそれぞれの専用ソフトで見るのが当たり前だったが、そうした常識を大きく変えた。

ＷｅｂはＯＳにもミドルソフトにも依存しない世界であり、その流れで注目を浴びたのが「Java」である。Javaが登場したころのキャッチフレーズは「Write once, run anywhere（一度書けば、どこでも実行できる）」だった。Ｗｅｂの世界に通ずるものがあり簡単なシステムはJavaで作られるようになった。その流れを企業システムにまで広げたのが「J2EE」である。J2EEはシステムアーキテクチャーの仕様で、J2EEの仕様通りにシステムを構築すれば、J2EE対応環境であればどこでも動くとされていた。J2EE対応のサーバーソフトが多数登場し、企業システムに必要な機能を搭載。Ｗｅｂシステムの流れが本流になる。

この時代のＳＥに求められたスキルは、Ｗｅｂ技術を筆頭に、セキュリティに関する技術が重要になった。インターネットを介したシステムが急増し、悪意を持ったユーザーを想定しなければならなくなったからだ。また、企業内に多数のシステムが作られたことで、それらを連携するニーズが高まり、「SOA（サービス指向アーキテクチャー）」などの考え方が広まった。コンピュータシステムをサービスとして捉えて連携するもので、Ｗｅｂ技術と合わさってサービス指向は標準的な考え方になっていった。

Ｗｅｂによって大きく変化したのはシステムの利用者である。クライアント／サーバーシステムは基本的に社員が使うものだったが、Ｗｅｂシステムはインターネットを介して一般の人も利用する。その結果、システムのユーザー数が膨大になることがあり、そのアクセスをさばくシステムインフラは高度化し、ＳＥは「インフラエンジニア」と「アプリケーションエンジニア」に分かれていく。

50代ＳＥもこの頃、どちらかの道を選んだはずだ。インフラエンジニアは少数精鋭であることが多く、今も替えのきかない戦力であろう。アプリケーションエンジニアを選んだ場合、多くはプロジェクトマネジャーとなり、マネジメントスキルを磨くことになった。

ＥＲＰの登場でＩＴコンサルタント急増

ここまでシステムアーキテクチャーを中心にＩＴ業界の変遷を見てきたが、アプリケーションに焦点を合わせると、「ＥＲＰ」の登場がＩＴ業界を大きく変えた。従来はアプリケーションプログラムを手作りするのが常識だったが、ＥＲＰでは手作りしないで既成のプログラムを導入する。そのプログラムは「あるべき業務システム」を実装したものであり、これを機に、コンピュータシステムは「業務改革」とともに導入されるようになった。以降、コンピュータの導入に伴う各種コンサルティングを行う「ITコンサルタント」が急増する。

40代はクラウドの時代

今に続くITの大きな流れは2000年代初頭にスタートした。Amazon Web Servicesや、Microsoft Azureなどに代表される「クラウドコンピューティング」である。当初はデータセンターに設置したハードウエアを利用する形態にとどまっていたが、仮想化技術の進展などとともに、「コンピュータリソースは所有するものではなく、必要なときに必要なだけ使うもの」になっていった。

クラウドは大きく、ハードウエアリソースをサービスとして提供する「IaaS」、サーバーなどを意識することなくアプリケーションプラットフォームをサービスとして提供する「PaaS」、アプリケーションをサービスとして提供する「SaaS」に分類される。SEは当初IaaSを使うことが多かったが、最近ではPaaSへとシフトしている。PaaSを用いたシステム開発は、クラウドの仕様に基づいて作成することが求められ、クラウド事業者が提供する技術の習得が求められる。これは今に続く流れだ。

この時代のＳＥに求められるのは、システム開発のスピードである。従来のように全部をしっかり作ってから一気にリリースするのではなく、必要な機能から順に提供し、リリース後も常に改良を続けていく。ウォーターフォール開発ではなく、アジャイルに開発するのだ。クラウドだからこそできるスタイルで、「クラウドファーストアーキテクチャー」などと呼ばれる。要素技術はＷｅｂ時代と変わらないが、システムのアーキテクチャーやシステム開発の進め方は大きく変わってきた。

「自分を知る」ことがスタート

ここまで50代ＳＥのキャリアを振り返ってみた。技術は短期間で移り変わっているのでさまざまな技術に触れている。その一つひとつも重要だが、そうした移り変わりの中で俯瞰的に物事を見る目を養った人は少なくない。また、失敗経験を基にマネジメントスキルを磨いた人も多く、失敗に根差しているため表面的なテクニックではなく、プロジェクトの本質を見抜くスキルを備えている人もいる。さらに、ＳＥは上流工程であるほどコミュニケーション能力が必要とされる。そうしたスキルを自然に身につけている人も多くいる。

ここに書いたキャリアと全然違う道を歩んだ人も、もちろんいるだろう。大事なことは、自分のキャリアを振り返り、そこで身につけたスキルやノウハウを自分でつかむことだ。改めて「自分を知る」ことがスタートになる。

第2章

強みを極める

50 YEARS OLD SE'S WAY OF LIVING

2-1 「技術で生きていく」と30歳で決め、〝攻めの情シス〟として名をはせる

AGC旭硝子 情報システム部 デジタル・イノベーショングループ
プロフェッショナル（IT基盤、IT運用技術）
三堀 眞美（56歳）

企業の情報システム部というと裏方的なイメージが強いが、AGC旭硝子の情報システム部にそのイメージは当てはまらない。基幹系システムをクラウド化するなど〝攻めの情シス〟として知られる。その仕掛け人といえるのが、入社以来一貫して同社のインフラ構築に携わってきた三堀だ。あえてユーザー企業であるメーカーに就職し、情報システム部の中で「新しい技術を追求する楽しみ」を失わずに56歳の今も最先端に立ち続けている。

「最後のご奉公」のつもりで取り組んだ基幹系システムのクラウド移行

ガラス、電子部品、化学品、セラミックス製品を開発するAGC旭硝子が、「攻め

のＩＴ」を展開しているのが話題だ。新しいＩＴを武器に技術面で引っ張っているのが、情報システム部の三堀である。同社に関わりのあるＩＴコンサルタントをして、「なぜこれほどの人がメーカーの情報システム部にいるのかわからない」と言わせるほどのＳＥだ。その三堀が、50歳を過ぎて取り組んだのが同社基幹系システムのクラウド化だ。

「気づいたら50代になっていました。今から定年までに何を成し遂げることができるかと考えた末に、新しく出てきたクラウドコンピューティングに注目し、それを活かせば基幹系システムや、今後必要となる「攻めのＩＴ」システムの柔軟性を高められると思いました。ユーザーの意見を聞いてすぐに対応できるようになれば、いろんな部署から頼られる情報システム部門になれるはずです。クラウドは大きな武器になると考えたのです」（三堀）

パブリッククラウドの「ＡＷＳ（Amazon Web Services）」に基幹系システムを移行した。三堀が入社した当時、メインフレームで動作していたシステムである。メインフレームシステムからＳＡＰのＥＲＰに移行し、そのシステムをクラウド上で動作させている。

「きっかけは、あるシステムのハードウエアが保守切れになるタイミングを迎えていたことです。そのとき、クラウドが話題で、技術的に興味を持って調べました。クラウドならば、新しい技術を使ったアイデアを思いついたとき、パッとプログラムを組んでテストし、良かったら実際に導入する、ダメだったら捨てるといったことがやりやすくなります。また、基幹系システムには、開発マシン、テストマシン、本番マシンを用意しなければいけませんが、クラウドならばこれらのコストをかなり抑えられます。システム規模が大きいほどメリットは大きくなるので、『基幹系をクラウドに移行すると、会社にとって大きなメリットがある』と考えて提案しました。自分にとっては、これがＡＧＣ旭硝子に対しての最後のご奉公のつもりでした。うちのようなメーカーでクラウドに基幹系システムを移行した企業はまだほとんどなかったと思います。未知のテクノロジーに上層部がすぐにＯＫしてくれたわけではありませんが、情報システム部門のトップが新しいテクノロジーの導入

に積極的だったことは追い風になりました。もちろん、コスト面や災害対策時のメリットについて根気強く説明しました」（三堀）

上層部は「本当に安全なのか」とかなり気にしていたので、法律面、内部統制との整合性、セキュリティリスク、社内規定との整合性という4つのポイントに注力して評価し、納得感を与えた上で導入へと至った。

三堀はこのために新たなプロジェクトチームを作り、セキュリティ、バックアップの取り方、標準化などを整備。新システムへの移行に際しては、クラウドを意識させない仕組みを作った。

最後の大仕事としてさらなるクラウド導入を推進

現在は、基幹系システムのクラウド移行の次のステップとして、全社的なクラウド導入に力を注いでいる。製造設備や研究開発でのクラウド活用を検討しており、社内のさまざまな部門を訪れて、クラウド技術の勉強会を開いてきた。その数は20回以上におよぶ。

「どのメーカーもそうだと思いますが、情報システム部門と製造部門は、あまり密な関係を築けていません。そこでまず、そうした関係を変えようとしました。加えて、最近の製造業のキーワードである『スマートファクトリー』や『ＩｏＴ』は情報システム部門と製造部門をつなげるカギとなり、会社としてもそのあたりに期待が集まっています。なので、60歳までの『最後の大仕事』として、基幹系システムだけでなく、社内のクラウド化に注力しているのです。けれど、あと4年で終わりそうになくて、どうやら65歳まで働くことになりそうです（笑）」（三堀）

現在は、無線技術を活用し、工場内のデータを手軽に素早くクラウドに集めるためのＩｏＴシステムを開発中で、まずは、このＩｏＴシステムを軌道に乗せるのが60歳までの仕事。そこからの5年間はさらに効率よく、高い精度で活用できるように仕上げの段階に入るという。

あえてIT関連企業を選ばなかったから今がある

大学院で数学とコンピュータを学んだ三堀は、あえてコンピュータ関連ではないメーカーを就職先に選んだ。新卒時のこの選択こそ、三堀のSEとしての働き方を象徴しているように見える。

「当社の情報システム部では、経理システムや受発注などの業務アプリケーションの開発も行っていましたが、自分はあまりそちらに興味がなくて、インフラ系を担当することになりました。当時は大型汎用機が全盛で、OSのインストールからデータベースやトランザクションシステムのミドルウエアまで、大型汎用機の運用管理全般を担当しました。自分としては当時から技術屋だという自覚があり、アプリケーション側よりも、コンピュータテクノロジーの部分にすごく興味がありました」（三堀）

大型汎用機での仕事に携わり、9年くらい経った頃、ふと気づいたら世の中から大型汎用機がなくなり始めていた。ちょうどその頃、日本にインターネットが広がり始めたが、まだ社内にメールやWebは浸透していなかった。そんな中にあって、AGC旭硝子にWeb系の仕組みを導入したのは三堀である。

「インターネットについていろいろと調べて、上司に『これからインターネットがどんどん来ると思うのでやりたい』と訴え、担当させてもらいました。その頃はまだ文献があまりなく、米国のニュースサイトを見て、『こんなトラブルが起きるんだ。解決するにはこうするのか』といったことを調べていました。また、その頃、当社の社長に技術系出身者が就任し、新しい技術を積極的に取り入れようという気運になっていました。情報システムに関しても徐々に汎用機から離れ、SAPを入れて新しいシステムを導入するなど、新しい技術が好きな自分にとってはいい環境になってきました」（三堀）

OA系と呼ばれるシステムやWebポータルのシステムなどを担当し、マイクロソフトの「SharePoint」というソフトを導入して全社の統合ビジネスプラットフォームを作った。そういう仕組みを旭硝子グループのアジア全体に広げていくシステムも構築した。

「基本的にインフラの技術屋だと思っている」という三堀は、データベースやトランザクションシステム、ＯＳ周辺をはじめ、Ｗｅｂ系システムでもコアな部分のプログラムは自分で書く。これまで手掛けてきたシステムの中には、20年にわたって稼働中のものもある。その姿勢は50歳を過ぎても変わらず、自分の手を動かし続けている。

いつも新しいことばかりやってきた

社内インフラのほぼすべてに関わってきた。その中でも「新しいこと」ばかりをやってきた。「新しいこと」は自分で見つけてくる。

「『新しいこと、面白い仕事は、向こうからやってくることはないよ』と若い人たちに伝え続けています。私の年齢でまったく新しい技術に転換したいといっても会社はなかなか投資してくれませんが、今どきはＷｅｂ上にたくさん情報がありま すし、セミナーに参加すれば情報を得ることはできます。また、以前なら技術検証しようにもコストがかかりましたが、今ではクラウドなどを使えば容易に、安価に技術検証できます。私は今でも自分で仮想環境を構築してテストします。ソフトウエアによっては一定期間無償で利用できるので、動かしてテストして動作を確認するといったことを、全部自分でやります」(三堀)

案件によってはプロジェクトマネジャーとして現場を仕切ることもある。三堀は技術に根差してプロジェクトをうまく回していくスタイルである。

「大きなプロジェクトを始めるとき、プロジェクト開始前に仮想環境上に実際に作ってみて、どうやって作るといいのか、プロジェクトではどんな問題が起きそうか、それを回避するにはどうしたらいいか、といったことを把握するようにします。人には得手不得手があり、いくら頑張ったところで、不得手なことで勝負してもダメだという思いがあります。マネジメントが得意な人でしたら、周囲にネゴシエーションし、集まった人材を組み合わせてプロジェクトを回すのでしょうが、自分の場合、いわゆる管理職的なマネジメントは得意ではありません。なので、自分の得意な技術を活かし、全部テストして、やり方や規模感、リスクなどをしっかりつかんだ上で部下に仕事を振るというやり方をしてきました。仕事のやり方は人それぞれですが、一番強いところから枝を伸ばし、弱いところは周りに手伝ってもらいながらやればいいと思います」（三堀）

ただし、会社員という就業形態を取っている以上、新しい技術を追求するばかりでは評価されない。「会社が欲しているのは技術ではなく、成果である」ということを前提に、「この技術を使えば会社にどのようなメリットを生み出すことができるか」を常に考えている。

「自分の中には、技術に対する興味の軸（『面白い』『あまり興味がない』）と、会社にとって役立つかどうか（『必要とされている』『必要とされていない』）という2軸があり、世の中の技術をこの座標上で考えています。理想は、『面白くて会社に必要とされる』技術です。あまり興味がなくても、会社が必要とするなら精いっぱい取り組みますが、できるだけ理想の仕事にするには、日頃から周囲に『こんな技術が面白い』『今、自分はこんなことができる』と話すことです。会社には、システム更新や新規事業の立ち上げなど、さまざまなタイミングがあり、そのタイミングが来てから技術を探していてはもう手遅れです。なので、普段からいろいろと調べておいて、ちょうどいいタイミングですぐできるように準備しておきます。そういう仕事はとても楽しいですね。自分の中では仕事は楽しいと思っていますが、大変なことが8割以上です。残りの2割くらいは楽しい要素を入れたいと思ってやってきました」（三堀）

2割の楽しさを維持するためには、「上に行く」ことも大事

「2割の楽しさ」を維持するために何をすべきか。「ITの技術はベンダーに提案させればいい」という考えのメーカーは多く、三堀の周囲でも、三堀のような仕事を理解してくれる人は少ない。それでもわかってくれる人がいて、引っ張り上げてもらうことで、楽しみつつ、新しい技術を追求し続けられている。

「新しいことをやり、会社の利益につながるような成果を上げます。会社の利益を常に考えてきたのが前提としてありますが、それを評価して引っ張り上げてもらわなければできないことも多々あります。やはり面白い仕事をしようと思ったら、ある程度社内でも上のほうにいる必要があるということです」（三堀）

人は苦手なところでやっても仕方ないから、出世はもういい。自分は一生技術でやっていくと決めたのが30歳になる前のことだ。三堀はいわゆるライン管理職には進まず、50歳直前で、社内でも特殊な技能を有する専門職「プロフェッショナル」という職位に就いた。本来は、炎の色を見るだけで炉の温度管理をするような職人技を持つ社員が就く職位だが、情報システム部で初めてプロフェッショナルになった。

「周りの人が、こいつは技術で延ばしたほうがいいと思ってくれたみたいです。情報システムでプロフェッショナルになるのは最初で最後だとも言われました。だからといって好きなことだけできるわけではありません。これは繰り返し話していることですが、自分が面白いと思うことが会社にとってどのような価値を生み出すか、この2つのバランスを取りながら仕事をしています。いくら好きなこと、面白いことをやっていても、(会社にとっての)成果が出なければ苦しくなります。今でもどうやったら成果が出せるか、これにより会社のパフォーマンスが上がっているだろうか、そんなことに悩みながら仕事をしています」(三堀)

情報システム部門の中でも、インフラ系は特に光が当たりにくい仕事だ。グローバルな統合プロジェクトなど、海外プロジェクトを担当しているとスポットライトが当たりやすいが、三堀はそのような形で評価されることに価値を見いだしていない。

「いつも1人で好き勝手にしているわけではなく、20年以上前からプロジェクトリーダーを務めるプロジェクトも抱えています。当然ながら、プロジェクトを任された場合、きちんと結果を出さなければいけません。私たちの仕事は、あらゆる領域で平均値70点以上を常にキープし、いくつかの領域で100点以上取ればいいという考え方が合うと思います。プロジェクトでは、苦手な分野でも平均値の70点までは頑張って、自分でできないところは得意な人に頼ってやっていけばいいのです。

会社員のいいところは、周りにたくさん人がいることです。自分が苦手なことを相談すると、なんだかんだ言いつつ助けてくれる人がいます。しかし、人を助けてあげないと、人から助けてもらえないです。私は技術的なことで相談を受けたとき、可能な限り手助けします」（三堀）

自社とはいえ、ユーザーは全員お客様、仲間でもある

三堀ほどのスキルがあれば、ＩＴソリューションを主軸とするベンダーやSIerでもトップクラスのＳＥとして通用する。先端技術好きなＳＥとしては、そんな働き方のほうが幸せなのではないかと思うのだが、三堀は新卒で入社したＡＧＣ旭硝子で、情報システム部のＳＥとして働き続ける今が幸せなのだという。

「これまでにゴリゴリのＩＴ系企業に行きたいと思ったことはありません。当社の事業部の人々は、ベンダーやSIerにとってのお客様と同じだと思っていますから。

私にとっては、お客様でもあるし、仲間でもある。社内向けの仕事とはいえ、相手にとって価値のある成果はきちんと出さなければいけません。その分、大変なこともあります。むしろ社内向けの仕事だからこそ、評価されないとあらゆる仕事がやりづらくて、困ったときに協力してもらえず、楽しいことができなくなります。『こんなことをやってみては？』と提案すれば、すべての責任が自分にのしかかってきて、結局は自分でやることにもなります。そのプレッシャーはかなりのものです。たとえ失敗しても誰も責められないのですから」（三堀）

三堀がＩＴ系企業に行きたいと思わなかった理由の1つには、ＡＧＣ旭硝子の社風があるように思う。基幹系システムをＡＷＳに移行し、製造現場にＩｏＴ技術を活用してきた例を見てもわかる通り、「現場でこれが必要である、やりたいと自ら手を挙げると、新しい技術であろうと、比較的任せてやらせてもらえる」という風土の会社である。

「特定の技術に縛られない、常に新しいことができるというメリットはかなりあります。私は特定の技術の専門家にはなりたくないし、狭い範囲のことばかりやっていたら飽きてしまいます。いろんなことをやりたいと思う私には、この会社がとても居心地がいい。特に50歳を過ぎてからは、ますますそう感じます。苦手なことをやってもパフォーマンスは上がらないので、得意なことをやっていこうと思います。得意なことをやってパフォーマンスが上がれば、周囲の人からも評価され、面白い仕事がしやすくなります。本当はそんなに簡単なことではないのも重々承知の上で、そういう単純な考えでやっています」（三堀）

2-2 マネジメント力でキャリアを切り拓き、人と接する中で自分の成長を感じる

NECソリューションイノベータ　プラットフォーム事業本部
鈴木　克明（59歳）

ソフト開発の事業部長を務めた鈴木は、56歳の役職定年を機に事業ラインから外れ、まもなく「勤務シニアアドバイザー」となる。現場の課題解決とシニア人材の活用を目指して設けられた制度で、マネジメントサポートなどの役割を担う。入社当時は人と話すことが苦手だったというが、社員思いの上司に恵まれたこともあり、徐々にマネジメント力を高めてきた。60歳の定年間近となった今も、社員のサポート役として充実した毎日を送る。

役職定年を迎え、産業カウンセラー資格を目指して勉強

ＮＥＣソリューションイノベータの鈴木は、１９８１年に当時の日本電気ソフト

ウェアに入社し、37年間勤め、あと1年で定年を迎える。56歳で役職定年を迎えたことを機に、産業カウンセラーの勉強を始めた。「勤務シニアアドバイザー」になるためだ。

ＮＥＣソリューションイノベータでは、エンジニア第1世代といわれる50代ＳＥが大量に定年を迎えることを見据え、現場の課題を解決し、かつ、シニア人材を活用する仕組みとして「勤務シニアアドバイザー」という制度を導入した。これは、キャリア支援やメンタルヘルス不調予防、長時間労働者などのフォロー、マネジメントのサポートなどを行う役割で、同制度適用者には産業カウンセラー資格の取得が推奨されている。対象者は56歳以上の役職経験者（部門長以上）で、マネジメント経験が豊富で、業務に見識が深く、管理職・従業員と良好なコミュニケーションを取れることが選定条件とされている。誰でもなれるものではなく、現在は全社で19人。社員との面談時の傾聴スキルやフォロースキルなど、コミュニケーションについての基礎的なスキルを学べる産業カウンセラーやキャリアアドバイザーといった資格が役立つ。

鈴木は近く勤務シニアアドバイザーとしての仕事をすることになっているが、以前からほぼ同様の活動を個人的に行っていた。体調不良などから復帰しても再発する復職者が多いことに着目し、7、8回の面談で各自の振り返りを手伝い、復職者自身による「退職予防策お守り」の作成を支援してきた。

「私の周囲でも体調不良を訴えている社員やなぜか仕事がうまくいかないと悩んでいる社員がいて、事業部長の頃には彼らに対して個別の面談を行っていました。面談を繰り返していくうちに、そういう人はコミュニケーションが取れないのだということがわかってきました。本人たちは、仕事の中で指示や報告を受けているので、コミュニケーションが取れていると言うのですが、それは仕事をしているだけでコミュニケーションではない。結局は、困ったときに人に言えない、助けを求められない、問題を自分ひとりで抱え込んで自滅していくといったことが多いのです。できればこういう社員へのフォローにもっと力を注ぐ必要があると思っていたところ、それは勤務シニアアドバイザーと一緒だと気づいて、自ら手を挙げました」（鈴木）

同社における役職定年は役割によってルールが異なり、事業部長クラス・部長クラスの組織長は原則56歳で役職を降りてもらうことになっている。その下のマネージャー、エキスパートと呼ばれる役職は、状況に応じて役職定年を適用せずに現役続行することができる。こうした仕組みは、後進にポストを譲り、後進がアサインメントを引き継いでその中で育ってもらうことを目的としているが、60歳で定年退職した後も、技術の伝承が途絶えないよう会社と本人が準備する期間という位置づけでもある。60歳の定年後は、雇用延長という形で65歳まで働き続けることができる。

「私たち50代以降のSE第1世代は数百人単位で採用されましたが、40代より下になると採用人数が減ったため、50代以降が定年退職すると一気にエンジニアがいなくなってしまいます。会社にとってこの損失はかなり大きいですね」(鈴木)

4000人のエンジニアでの携帯電話開発

入社時は東京本社での採用だったが、1990年に、担当していたNEC製のOAソフト「LANFILE」が北海道日本電気ソフトウェア(当時)に移管されたことに伴い移籍。以来30年近く北海道で勤務している。若い頃はコンピュータに向き合う仕事ばかりだったが、徐々に人とコミュニケーションを取る仕事の比率が高くなっていった。

「コンピュータの仕事を選んだのは、人と話すことが得意ではなかったからです（笑）。人と話すよりもコンピュータに向かっているほうが自分には合っていると、自分では思っていたんですね。初めのうちはコンピュータに向き合うことで仕事をしてこられましたが、グループや部門を率いることになるとそれではうまくいきません。仕様書を作成するにしても相互にコミュニケーションを取る必要がありますし、進捗の遅れや不具合を調整するときにも、グループ間でコミュニケーションを取らなければいけません。そこから必然的に、コンピュータを相手にするより人を相手にすることのほうが多くなってきました」（鈴木）

転機となったのは、1999年に携帯電話ソフト開発を担当するようになったときだ。当時の携帯電話開発に携わったエンジニアの数は、ハードとソフトで約8000人。ソフトだけで約4000人のエンジニアがいた。

「ＯＳもミドルウエアもすべてがオリジナルで、オフィスコンピュータ（オフコン）とほとんど同じものが小さな携帯電話の中に入っているという状況でしたから、数千人規模が当たり前でした。当時の携帯電話は1モデルで１００万台くらい売れたので、それだけ投じても十分元が取れたのです。ソフトエンジニアは、一般にドライバと呼ばれるチップを動かすソフトを作っていました。ハードは、ＬＳＩの進歩に伴って次々と安く高速化されたチップに変更されます。そのたびにソフトは全部作り直しで、ソフトエンジニアは４０００人いても、常にいっぱいいっぱいでした」（鈴木）

43歳で部長に昇格してマネジメント力を発揮

携帯電話開発でメンバーの取りまとめ役をするようになり、鈴木のマネージャーとしての能力は開花していく。最初は5人くらいのグループリーダーになり、そこから3カ月ごとに倍増し、最終的には３００人をまとめる部長になった。

「43歳のときに携帯電話グループの部長に昇格しました。自分ではマネジメント職を意識したことはありません。そもそも人とコミュニケーションしなくて済むからという理由でコンピュータの仕事を選んだほどですから。ただ、そのときはほかの部署の人たちと交渉ができそうな人がいなくて、自分でやるしかなかった。そうしてやっていくうちに、だんだん昇格してしまったという感じです」（鈴木）

携帯電話グループの部長として、社員100人、パートナー200人の計300人を率いた。その後の事業部長時代には社員200人のトップに立った。当時の携帯電話開発は会社の利益のほとんどをあげるほどの花形部署。今からは信じられないことだが、この当時は事業部費として数千万円の経費を捻出できたという。

「あまりにも急激に携帯電話市場が成長したことで、必要とされるエンジニアの数も一気に増えましたが、そういったエンジニアたちのまとめ役として、携帯電話黎明期から開発に関わっていて技術を知っている私のような存在が適任だったようです。黎明期の携帯電話開発は人気がなくて、エンジニアの募集があっても手を挙げる人がいませんでした。それなら自分がやりますと答えたのがきっかけで携帯電話開発に携わるようになったのです。マネージャーになったときと同様、そんなに積極的に始めたことではなかったんですけれどね」（鈴木）

役職がつくと、現場のエンジニアとしての仕事よりもエンジニアたちのマネジメントの比率がより大きくなる。それでもエンジニアをまとめたり指導したりすることは、エンジニアでないとできない。

「エンジニアに対して『こうしてみてはどうだろう』『それは外に助けを頼もう』といったことをアドバイスするにはエンジニアとしての知識が必要です。お客様からもさまざまな要望や問い合わせが寄せられますが、その場で『できる』『できない』『お時間をください』といったことにもエンジニアだからこそ答えられます」（鈴木）

新人時代の上司がマネージャーとしてのお手本

今考えれば、マネージャーとしての基本を教えてくれたのは、新入社員のときの上司だったという。現場のエンジニアとして忙しく過ごしていた若き鈴木に、いつも「3食きちんと食べなさい」と声をかけ、気遣ってくれたことが印象に残っている。

「当時は工場勤務で、忙しくなると昼食や夕食を食べられないこともたびたびありましたが、必ず食事を摂るように促してくれました。一度『どうしてそこまでするんですか？』と聞いたところ、上司は『オレはお前たちがうまく働くために取り持つ』と答えました。実際、マシン環境や職場環境をより良くするよう努力してくれました。そのときは『そんなものなんだろうか』と思った程度でしたが、事業部長になった頃からその言葉が繰り返し頭の中に浮かぶようになりました。それまでは重要性を正しく理解できていなかったのでしょう。事業部長になると、みんなにうまく動いてもらうことの重要性が身に染みてわかるようになりました」（鈴木）

部下のことを一番に考える

鈴木が56歳の役職定年を意識したのは、54歳ごろからだという。

「役職定年までに自分の代わりを務める人間を育てなければいけませんが、エンジニアリング的な技術は引き継がなくても大丈夫だと思っていました。エンジニアはみんなオタクっぽいところがあるので、自分で一生懸命調べて勉強して、自分でどんどん成長してくれます。引き継がなければいけないと感じたのは、困ったときにどうするかとか、お客様にどう対応するかといったマネジメントの部分。理論はわかっていても実際にできない人が多いですね。開発系のエンジニアはみんな真面目なので、お客様に『もう来るな』と言われると本当に行けないんですよ（笑）。そういうときも構わずに出向いて、笑いながら『また来ちゃいました』と言うんだよ、といったことを、一つひとつ教えなければいけません」（鈴木）

開発エンジニアならではの真面目さや融通の効かなさは、自分もそうだったからわかる。それでもマネージャーは、対人スキルを磨かなければならない。

「携帯電話開発ではお客様からの厳しい要求もかなりありました。納期は絶対、それでいてこういう機能を追加してくれ、というような絶対に無理だと思うことでもやらなければいけなかったのです。お客様は開発工数などを考慮せずに話されますので、それにどう対応していくかが大切になります。そのような対人スキルを引き継いでいかなければいけません」（鈴木）

最終的にたどり着いたのは、マネジメントにおいて配慮が必要なのは部下であるということ。結局は、部下のモチベーションをどのように保つかであると気づいた。上司から部下へ何かを依頼するときの伝え方次第で、部下のモチベーションは大きく違う。そうした事例を一つひとつ積み重ねてマネジメント力を高めてきた。

「この仕事は、結果的に人間が生産性を左右するので、人間のモチベーションを高めれば生産性は上がります。逆に、モチベーションが下がった途端に生産性が下がり、トラブルも多くなる。それが数字でも目に見えて表れますから、とにかく社員のモチベーションを上げることを一番に考えていました」（鈴木）

開発プロジェクトのトップは顧客だが、鈴木は部下を重視して話をする。顧客から言われたことを部下に話すときでも「こんな話が出たんだけど、困ったね」というように伝えると、部下も「そうですよね」と共感してくれて、「何かいい方法はないかな」と話せば、部下自身から「こうすればできると思います」と提案してくれる。その提案を採用すれば、部下は高いモチベーションで取り組んでくれる。

「他社で1年かけてもできなかった案件を『やってほしい』と言われたことがあります。どう考えても無理な案件でしたが、部下のモチベーションを上げるための会議を毎週開催し、お客様のところに行ったら帰ってきて必ず説明するといったことを繰り返しました。その結果、3カ月で完成させることができて、お客様から大いに感謝されました。自分もそうですが、情報が入ってこないと上司に対して不信感が募ります。部下もそうだろうと思うので、どんなことでも全部説明します。ただし、言い方には気をつけます。納得していないけれど、会社としてやらざるを得ない案件ならば、その通り伝えた上で『協力してほしい』と言います」（鈴木）

定年間近にして、成長を感じられる今が楽しい

今やりがいを感じるのは、自分の成長が感じられるとき。年齢を重ねて仕事の内容や立場は変化したが、常に新しいことに取り組み、それらをクリアすることに喜びを感じるという。

「今までの自分だったらうまく対応できなかったようなタイプの人とでも、うまくコミュニケーションが取れて心を開くようになってくれれば、少しは自分も成長できたのだと実感できてうれしくなります。もちろん、そのベースにあるのは技術的なバックボーンです。それがないとエンジニアを理解するのに時間がかかります。エンジニアとしてやってきたからこそ、相手の困っている状況が瞬時に想像できます。そういう意味でいうと、自分の今のスキルはこの会社でないと役立たないかも

しれませんが、こうしていくつになっても会社に貢献できるのはありがたいことです」(鈴木)

会社人生を振り返ると、「自分がやります」と答えたときが、大きな転機だった。携帯電話開発のメンバーが集まらなかったとき、顧客との折衝が苦手なメンバーばかりだったとき、エンジニアをまとめる存在がいなかったとき、その都度「自分がやる」と手を挙げ、どうすればうまくいくかを一生懸命考えて実践してきた。その繰り返しで今の自分がある。

「マネジメントをすることで技術に関わり続けることができるとは、自分の中でも新鮮でした。エンジニアリングの世界では、マネジメントとは技術のマネジメントで、人のマネジメントではないと思っている人が少なくありませんが、そのような考えで組織を運営すると、社員の心身の不調を生み出してしまいます。お客様に向いている気持ちの半分でもメンバーに向ければ、メンバーのモチベーションは高まり、困ったことを抱えた人や体調不良者なども出なくなるはずです。その部分をもう少しうまくやって、全員が気持ちよく働ける世界になればいいと願っています」

（鈴木）

COLUMN

「役職定年」は、定年後を考える好機

上司が年下となり、収入も減る

50代SEが「ラインから外れてしまった」と感じる要因の1つに、「役職定年」制度がある。この制度は、1980年代に55歳定年から60歳定年へと引き上げられた際に組織の新陳代謝や人件費抑制などを理由に導入されたものと、1990年代以降に社員の高齢化によるポスト不足解消により導入されたものがある。役職定年制度を導入しているのはほとんどが大企業で、従業員1000人以上の企業の約半数が導入している（厚生労働省「平成21年賃金事情等総合調査（退職金、年金及び定年制事情調査）」より）。

役職定年の条件は企業により異なる。よくあるのは、課長以上を対象に55歳で役職を退任し、同格の専門職としたり、関連企業に移籍したりするケース。役職手当や基本給などが減額となるので、収入も減ることになる。

企業で働くビジネスパーソンにとって、役職定年は大きな節目だ。それまで部下だった年下社員が上司となり、仕事へのモチベーションを失うケースも少なくないし、定年後の老後資金が現実の問題になる時期において、収入が減ることの影響は大きい。

「ポストを外れたことで周りが見えるようになった」との意見も

本人は生涯現役を希望していても、いずれは技術、人脈、仕事の仕方などを引き継ぐ必要がある。最近はシニア世代の社員が増えたことで、企業がシニア社員に求める内容も変化している。労働行政研究所の調査によれば、かつてはシニア社員に対して「第一線で働く能力」を求めたが、近年では「現役世代の力になる能力」を求めるという。

役職定年制度はそのような現実を見据え、60歳以降の働き方、生き方を考えてキャリアのシフトチェンジをする機会として、前向きに捉えていきたい。本書の取材に協力してくださった50代ＳＥの方々は、「50歳を過ぎた頃から体力、気力的に苦しかったが、役職定年を迎えたことで心身ともに楽になり、周りが見えるようになった」「ポストが外れたことで若手が気安く相談してくれるようになった」と、そのメリットを語っていた。

第3章

軸足を半歩ずらす

50 YEARS OLD SE'S WAY OF LIVING

3-1 システムの「引越屋」に転職し、昔取ったきねづかを存分に活かす

ロンググロウ　シニアマネージャー
芹沢　幸也（56歳）

オープン系SEとしてキャリアを積んだ芹沢は、50歳を過ぎてから、レガシーマイグレーションに特化したビジネスを展開するロンググロウに転職。メインフレームとオープン系の両方を知る強みを活かしている。とはいえ、ベテランSEなら誰でもマイグレーションに向くわけではない。「現場が好き」「地道な作業が好き」「システム開発が好き」といった適性があるからこそ、芹沢はマイグレーションのエンジニアとして仕事を楽しんでいる。

レガシーシステムの「引越屋」に転身

近年、「レガシーシステム」と呼ばれるメインフレーム上のアプリケーションを、オー

プン系サーバー上に移行させる「レガシーマイグレーション」のニーズが増している。歴史的遺産だと思われているからこそ「レガシー」なのだが、今でも多くの企業ではメインフレームが現役で稼働中だ。

レガシーマイグレーションにチャンスを見いだし、マイグレーションに特化したシステムの「引越屋」を標ぼうするロンググロウでは、レガシーシステムを知るベテランSEが多数活躍している。51歳で入社してきた芹沢もそんな一人だ。

「数十年前に構築されたメインフレームをオープン系にリホスト（ほとんど手を加えずに移行）する仕事をしています。リホストに当たっては、資産調査をした上で移行作業に入ります。資産調査は、現行システム上にあるデータやアプリケーションが『本当に必要なのかどうか』を確認する作業で、まずはそれを判別するために材料を出し、お客様に判別してもらいます。移行対象が抽出されたら、それらが使えるかどうかを調査し、そのまま移行することが難しいものについてはカスタマイズして使えるように設計するので、どうすればできるのかをお客様に提案します」（芹沢）

同社のクライアントには、大手メーカーや電力会社など大手ユーザー企業も多い。一般的なシステム開発案件なら大手ベンダーが1次請けとなるが、マイグレーションではロンググロウのような小さな会社が直接大手クライアントとやり取りできる。

「最近増えているのが金融系で、銀行の案件も増えています。つまり、ビジネスの規模としても大きな案件が多く、こういったニーズはこの先も当分あると思います。できるならば現行システムを全部捨てて、まっさらなシステムを組み直したほうがキレイだし、技術的にも簡単だと思います。しかし、それだけ大がかりなシステムを組むとなるとかなりのコストがかかります。また、お客様企業の中に、そういった知識を持つエンジニアがいなくなってしまっているともいえます。しかも、いまだにメインフレームを使っているような企業は、銀行や保険会社など『業務を変えられない』という企業です。システムを一新することができないから、ロジックはそのままで環境だけを新しくしたいというのが私たちに求められていることです。私たちは移行先できちんとプログラムが動くことに集中します。メインフレームからオープン系に移行したとしても、以前と同じアウトプットを担保するのが私たち

の行うマイグレーションなのです」（芹沢）

アセンブラやCOBOLが求められる現場がある

マイグレーションを専門とするからには、メインフレームとオープン系の、どちらにも精通しているほうがよい。ロンググロウの採用ページには、プログラマ・システムエンジニアの応募資格として「プログラム系技術の実務経験がある方（ASM、アセンブラ、COBOL、Web系（C#.net、VB.net））」と書かれている。ここでは、こうした懐かしい言語の経験や知識が大いに歓迎されている。ベテランSEの経験がいかんなく発揮できる職場だ。

「もちろん、これまでの経験を活かせるところは最大の魅力です。また、実際に仕事を始めてみて、プロジェクトの進め方が自分に合っていると感じています。一般的なシステム開発案件は昔に比べてどんどん開発期間が短くなっています。それでありながら仕様変更や機能追加を余儀なくされ、エンジニアにとってかなり厳しい現場が少なくありません。対してマイグレーション案件は、決められた移行作業を決められた納期内で済ませればよく、途中の仕様変更などはほぼないので、自分たちのペースでできる良さがあります」（芹沢）

芹沢はもともとオープン系技術者で、メインフレームは若い頃にCOBOLでの開発やC言語でのシステム開発など少し経験がある程度。新卒で入社した会社が倒産してしまい、ベンダー系列のシステム会社など数回の転職を経て、CRMを中心としたプロマネやコンサル業務を行ってきた。この会社には2年ほど勤めたが、コンサルティングよりもシステム開発に適性を感じて退職。再び転職活動を始めたが、かなり厳しい状況に立たされた。

当時はかなりの買い手市場で、面接に行くと30人も40人も転職希望者がいるような状態だったという。若い人ならばこれから育てようという余地があるからいいが、40代半ばも過ぎてしまうと、会社が要求するスキルにかなりの高精度で合致していないと採用してもらえず、本当に苦しかった。

「すでに45歳は過ぎていましたが、すぐに決まるだろうとかなり楽観していました。それまでの転職は友人の紹介などですんなり決まっていたこともあり『簡単に転職できるだろう』と思い込んでいたのもよくなかったと思います。ところが、かなり就職活動をしたものの、なかなか決まらず。当時、大阪でネットワーク監視の仕事があるとのことだったので、しばらくフリーランスのSEとして大阪で働いていました。その後は、コールセンター監視など、案件があればそこに行くというやり方でしのいできました。そんなときに知り合いから誘われてロンググロウに入社することになりました。ここに入社したときは51歳でした。ものづくりは好きですし、マイグレーションには以前から興味がありましたから」（芹沢）

ロングロウに入社した当時は、マイグレーションのコスト感覚やミドルウエアのことなどほとんどわからず、作業をしながら手探りで覚えていった。50歳を過ぎて新しいことを覚えるのは億劫な半面、芹沢にとっては奮起するモチベーションになった。

「転職経験があるので、新しいことは『やりながら覚えればなんとかなる』と楽観視しているところがありました。ただ、それまでの転職と違ったのは、年齢が上がった分体力がなくなったことです。以前は残業するなりして新しい仕事を覚え、体力で乗り切った部分があります、この歳になると、以前のような『もうひと踏ん張り』ができないんです。でも、体が動かない分、自分なりの創意工夫で乗り切って、新たな発見があるところがとても新鮮です。たぶんそれが今まで培ってきたものなんでしょうね。この仕事には納期がありますから、少しでも生産性を上げられるように、日々工夫したことを整理して手順化し、次の仕事に役立てたいと思って取り組むようになりました。とはいえ、目先の業務に追われてしまいますし、この世界では日々新しい情報が入ってくるので、実際には整理し切れていないですけれども、そういう新鮮な気持ちで取り組めています」（芹沢）

マイグレーションに向く人と向かない人

一般的なシステム開発との一番の違いは、業務改善を行わないこと。今動いているものをそのまま動かせないと困るという会社がリホストを依頼してくる。プロセスはどうあれ「前と同じようにしっかり動くこと」が何よりも大事で、その部分に喜びを感じられる人はマイグレーション向きだという。

「あとはコツコツやっていく作業が好きな人。数千本のコードを移行し、一つひとつチェックしなければいけないので、作業としてはかなり地味です。とにかく全部そのまま移すので、既存システムにバグがあればバグごと移行するのが基本です。移したあとでバグを潰すことはあります。1から100を作り出すというより、100から100にするので、向き不向きはあるでしょうね」（芹沢）

古いシステムであるが故の苦労も多い。一番のネックは、プログラム仕様書が紛失してしまったというケース。何が何だかわからないという企業が少なくなく、そういう場合はソースコードを見て解析するのだという。

「ソースコードを見て解析するとなると、業務の話を聞かなければいけません。業務は会社ごとに異なりますが、移行するときに引っかかるのは結構同じようなところです。多いのは文字コードの部分です。大半のシステムは同じようなロジックで組まれており、ソースコードをそのまま移行できるのですが、全体のうち3割くらいは一貫性がなく、新たに構築する必要が出てきます」(芹沢)

マイグレーションのついでにシステム改善や業務改善をしたいという依頼を受けることもあるが、基本的にそういった依頼は受けない。一般的なシステム開発で請け負うような業務改善は、マイグレーションを終えたあとで落ちついてからやってくださいと伝える。

「そのまま移行できずに新しいシステムを構築する場合には、できる範囲で業務改善を組み込むこともありますが、基本的には受けません。マイグレーションに慣れていないSIerは、そういったお客様の要望を全部聞こうとしてしまいがちですが、それをやってしまうと混乱します。うちは引越屋に徹しているので、お客様にも『余計なことはしないほうがいい』と説明しているのです」(芹沢)

中小企業ながら大手企業の1次請けになれるチャンス

ロンググロウは、創業者である田原社長がかつて勤めていた外資系ソフト会社時代、海外から届くマイグレーションソフトを検証していた経験から生まれた。１９９９年の創業当時はＳＥＳ（システムエンジニアリングサービス）を中心にしていたが、レガシーマイグレーションに特化した事業へと転換したことで下請けから脱することができた。

ロンググロウには35人以上のＳＥが勤務しており、平均年齢は40代後半。正社員ではないが、60代で案件を持っているＳＥもいる。同社にとって、ベテランＳＥたちは宝の山だ。

「当社はベテランエンジニアたちがいなければ立ちゆきません。20代のエンジニアに指示をすれば作業できるでしょうが、経験を活かしながらやることが重要な仕事だからです。ベテランＳＥたちは人それぞれに経験が異なり、『こんなデータ見たことない』と困っていてると、だいたいは『それなら知ってる』というエンジニアがいるのです。一時期だけはやった開発ツールなど、すでに開発元がなくなっているようなものでも、社内に『やったことがある』というエンジニアがいて、ずいぶんと助けられました。金融系の大事なシステムの奥のほうではアセンブラで書かれたものが動いていることが多く、完全にブラックボックス化して誰もメンテナンスできない状態というのは珍しくありません。でも、システムを止めるわけにもいかず、そのままごっそりとオープン系に移行することがマイグレーションでは行われています」（田原社長）

ただし、ベテランSEなら誰でもマイグレーションに適性があるわけではないのだという。光ることができる人と、そうならない人がいる。一番の違いは、その仕事を楽しめるかどうかだ。

「下請け、孫請け的な仕事を続けていくことに限界を感じ、マイグレーションに特化したビジネスを始めました。マイグレーションならば大手SIerの指示ではなく、お客様と直接接することができる。この仕事に興味を持って転職してくれたエンジニアも同じような気持ちだと思っていましたが、いざ作業を任せると『自分には無理です』と逃げてしまう人も結構いました。下請け的な仕事に慣れすぎてしまって、お客様と接することが怖くなってしまったみたいです。そのほうが楽なんでしょうね。長く下請け仕事をやっている人ほど、お客様との直接交渉に消極的で、それは残念に思いました」(田原社長)

その点、芹沢はマイグレーションを楽しめる側だった。ここならば昔取ったきねづかを存分に活かせる。

「実はここ25年くらいCOBOLのプログラムを自分で組んでいないのですが、『見たことがある』『読める』というだけでもマイグレーションでは役立ちます。DB2をはじめとしたデータベースなども、基本的な考え方はメインフレームでもオープン系でもそれほど変わらないので、どちらかがわかっていれば大丈夫だと思います。あと、ちょっとしたツールを自分で作ることができると、作業効率を高める上では便利で、私もC言語やVBA、シェルなどを使って、調査系のツールを作っています。前職では上流工程のコンサルタントとして業務分析や業務整理を担当しましたが、マイグレーションに関してはシステム開発の経験のほうが役立つことが多いですし、個人的には現場にいられる今の仕事にやりがいを感じています」（芹沢）

50歳を過ぎて自分向きの職場に出会えたことに感謝

45歳を過ぎてからの転職が楽ではないことも身を持って経験した。家族のことや自分自身の将来を考え、苦しんだ時期もあったという。しかし、苦しい時期を経て、自分の好きなこと、向かうべき道に気づけた。

「転職先が決まらずにフリーランスとして派遣契約を結んでいたときは、上流工程担当のSIerの下でシステム開発を中心に担当していました。いわゆる下流に位置する仕事ですが、実は自分はこういう仕事が好きなのだと認識するきっかけになりました。そのような自分の気持ちに気づいたことでマイグレーションや開発現場に近いところでやって行こうと思えたので、良い転機になったと思っています。とはいえ、どんなに適性があったとしても、50歳以上になると難しくなるのが現実ですから、50歳になってすぐにロンググロウに入社できて本当に良かった」(芹沢)

リホストしたシステムがそれまでと同じように動いている様子を見ることができる。芹沢はマイグレーションのそんなところが面白いと話す。

「元のシステムをそのまま新しい環境にリホストすると、それまでとまったく同じに動いている様子が見える。それが面白いところです。プログラムの数は数千本にも上りますので、かなりの達成感があります。リホストでは動作結果がぴったり一致することが求められるので、一致しなかった場合は一つひとつ検証しなければいけません。大変ではありますが、地道に探していく作業は私にとっては面白い。中にはデータの問題ではなくCPUの問題だったりもしますが、起こりやすい障害についてのノウハウが徐々に自分の中に蓄積されてきて、この歳にして自分が成長していることがわかるのです。もちろん、そうやってリホストしたお客さんから直

接感謝の言葉をかけられて、喜んでもらえるのもうれしいことです」（芹沢）

すでにオープン系の次のステップとして、クラウドへの移行も始まっている。5年後、10年後には、オープン系がレガシーになっている可能性もある。常に動き続ける重要なシステムほど、そうやってリホストしていくニーズが高い。

「マイグレーション案件は今後も増えていく見通しで、自分もまだまだ現役で頑張れる環境があるのはありがたい。楽しいことばかりではないですが、やはり面白いから続けられるし、もっと頑張ろうと思えます」（芹沢）

3-2 社外の人と協力して新商品を創り出す、『共創』こそが私の仕事

富士通 デジタルビジネスプラットフォーム事業本部 ビジネス企画室（センサーシューズプロジェクト担当） 医療情報技師・上級個人情報保護士・食品衛生責任者
鈴木 規之（55歳）

営業職を経てSEとなった鈴木。数年前から新規事業を推進する部署に所属し、製品やサービスの開発に取り組んでいる。徹底した「ユーザー目線」で考えるのが特徴の部署だ。農業サービスを提供するなら畑を作り、在宅医療サービスを提供するなら在宅医とともに患者宅を訪問する。現在は、足裏の圧力や加速度データを取得できる次世代センサーシューズプラットフォームを開発している。軸足はSEに置いたまま、徐々に行動範囲を広げて今があるという。

次世代センサーシューズプラットフォームを開発中

鈴木は、業界を超えた人々と協力してものづくりを進めてきた。それはＩＴ業界

で最近よく聞く「共創」というキーワードと重なる取り組みである。現在は、クラウドなどを提供するデジタルビジネスプラットフォーム事業本部に所属し、「センサーシューズプラットフォーム」という新しいコンセプトのシューズプラットフォームを開発している。

「きっかけは、クラウドの良さを多くの開発者にどうすれば実感してもらえるかを考えたことです。その時に思いついたが『センサーシューズプラットフォーム』でした。ウエアラブルやＩｏＴといったキーワードが出てきた時期でもあったので、足の動きを解析しＡＰＩ提供すれば、クラウドのメリットとしてわかってもらえるのではないかと思ったのです」（鈴木）

靴に内蔵したセンサーで足の動き、圧力、曲がり具合などのデータを集め、それらのデータを無線でスマホに送り、スマホからクラウドに送って蓄積する。蓄積したデータは富士通の人工知能「FUJITSU Human Centric AI Zinrai（ジンライ）」でデータ解析するなどして提供する。センシングの中でも足の動きは難しいとされるが、それに挑戦した。

「目新しいデバイスを使いたかった。従来のクラウドサービスにはない機能や遊び心を提供することで、開発者たちが面白がってくれて、新しいビジネスが生まれることを期待しています。富士通はクラウドとビッグデータ解析のサービスを提供しますが、それ以外は社外のさまざまな方々に委ねます。靴メーカーのほか、アイデアを持つ開発者がアプリケーションを開発しています」（鈴木）

センサーシューズは、リハビリ医療やエンターテインメント関連、楽器メーカー、学生など、さまざまな用途でのコラボレーションが進行中だ。面白い取り組みとして、センサーシューズが行き先をナビゲーションするスマホアプリを開発している大学院生もいる。最近では旅行中にスマホの画面を見ながら歩く人が多いが、「もっと街を見てほしい」と思ったことがきっかけだそうだ。足の動きから疲れ具合を検出し、ナビゲーションの仕方を変えることも考えられているという。これらは富士通がサービス化を依頼したわけではなく、それぞれが面白いからやってみたいと考えて開発している。

「これまでは上から下まで全部ワンストップで提供していましたが、それぞれの領域が連携して1つのエコシステムを構築する『共創的』なやり方ができるようになってきました。この次世代センサーシューズプラットフォームはその取り組みの1つです」（鈴木）

営業からスタートしてSEになり、新規事業を担当

SEになりたくて富士通に入社したが、入社直後は営業部門に配属され、その後15年ほど営業職に就いた。当時の富士通は事務職を除くすべての社員にSEとしてのトレーニングを約1年間行っており、鈴木もSEとしての技術ベースはこの時期に身につけている。営業部門のまま15年くらい経った頃、社内ポスティング制度を利用して事業開発部門に異動した。

「各事業部が『こんな人がほしい』と公募し、『やりたい』と手を挙げると、面接などを経て異動できる制度です。自分もその制度を活用して技術系に転身しました。90年代初めはインターネットが普及し始めたときで、さまざまな会社がインターネットプロバイダを立ち上げていました。ただ、当時のインターネットはダイヤルアップ接続で速度も遅かった。そこで、『ケーブルテレビ局による常時接続の高速インターネットサービス事業を手がけたい』と自分から手を挙げました。SEとしての仕事をするようになったのはここからです」（鈴木）

すでに社歴は10年以上だったこともあり、プログラマとしてゴリゴリシステムを作るのではなく、プロジェクトマネジャー的な立場で、主にインフラ周りのシステム作りに取り組んだ。

念願のSE職に就いて5年ほど経つと、今度は、富士通他3社の共同出資により設立されたケーブルテレビの統轄運営会社に出向する。ケーブルテレビとIP電話サービスの運用系ソフトの企画・開発を行うことになった。

「営業やSEという立場でもいろいろな部署の人たちとコミュニケーションしてきましたが、出向した先は他社の方々もいて、文化や言葉も違う中でやっていかなければいけません。そこで各社にとっての利益をどのように追求するか、今でいう『共創』に近いことをその当時から取り組んできました」（鈴木）

出向先で2年ほど開発を中心に行い、また富士通に戻ってケーブルテレビ事業会社運営と再編成を担当。その後富士通はケーブルテレビ事業から撤退することになったため、鈴木はその事業売却交渉も担当した。

「誰かと一緒に何かを作り上げる場合、重要になるのは現場の課題です。社内はもちろん、社外の方々と議論し合いながらどうやって解決していくかを考えます。そういった考え方のベースを叩き込まれたのは、その後配属された新規事業を推進する部署でした。その部署のボスである常務は新しい企画を立ち上げるとき、徹底的に現場を重視します。机上のイメージでサービスを作ることを許さず、自分たちが現場でやってみて、実際に作業している方々と対等に話ができるレベルになってか

らアジャイル開発を進めるということを徹底したのです」(鈴木)

ユーザー目線を徹底するため野菜作りまで実践

「ユーザー目線」もよく聞く言葉だが、富士通ではそのレベルを超越している。中でも鈴木が在籍していた部署はその色が濃く、農業サービスを開発しながら、実際に農場まで作るほどだ。

「農場でITを活用できないのはなぜなのか、本当に現場目線で考えてみた結果です。現場を知らないSEたちは『農作業者にスマホを操作させればいい』などと簡単に言うが、ITリテラシーが高いとはいえない農家の方たちが農作業をしながらそのようなものを本当に操作できるのか。まずはITリテラシーのあるSEが自分たちでやってみて、どうやったらITで解決できるかを考えてみるというやり方です。そこでは若手からベテランまでSEが集まって、本当に野菜作りをやりました」(鈴木)

農業プロジェクトは露地栽培からスタートし、工場の空きスペースを使ってハウス栽培、植物工場へと発展した。福島県会津若松市の半導体工場内のクリーンルームを活用した植物工場「会津若松Akisaiやさい工場」で栽培されたリーフレタスは、無農薬で無菌栽培なため洗わずに食べられ、腎臓病の患者さんでも食べられる低カリウムな高付加価値野菜として、現在も販売されている。栽培に当たっては、同社で開発した農業経営支援のための「食・農クラウドAkisai（秋彩）」を活用している。

「本当にそこまでやるんですよ。すごいのは、会津の植物工場は半導体工場なので生産管理のプロがたくさんいて、彼らが野菜の生産管理をしっかりやっています。半導体の製造工程を管理してきた人たちだけあって、最適製造条件の割り出し技術、クリーンルーム管理技術、雑菌管理技術などのノウハウを活かし、最適な育成環境で栽培しています。そして、このレタスが本当に美味しいんですよ」（鈴木）

こうした本当の「現場」での経験が、仕事をする上での原動力である。在宅医療に関するサービスを推進していたときには、訪問診療医と一緒に患者さん宅を訪問し、東日本大震災後は石巻・女川地区における医療介護連携のサポートや在宅医療を支えるクラウドサービスとして具現化させた。

少しずつ軸足をずらすことで行動範囲が広がった

振り返れば、90年代にケーブルテレビインターネット、2000年代にはエリアワンセグと、普及し始めた新技術をビジネスとして展開する新規事業に携わってきた。いわゆるSEとしては少し変わった経歴だといえるが、企画から開発、運用まで一貫して携わっているという点において大きな違いはないと認識している。

「自分で企画したものは、PMとして自分でもプロジェクト管理します。自分で手を動かしてプログラムを書くようなことは減りましたが、プロトタイピングやフレームワークの構築は自分で行います。その後、商品化、サービス化したものは別の人に引き継いでもらって、自分はまた別の新しいものに取りかかるのです」(鈴木)

幹部社員になってマネジメントに専念するという選択肢もなかったわけではない。SEなら特定分野のスペシャリストとして上を目指す社員も多いが、鈴木はそのどちらにも進まなかった。

「ケーブルテレビ関連事業に携わっていたときがその分かれ道だったと思いますが、たぶん実力がなかったのでしょう（笑）。スペシャリストとして上に行くのは、運用管理やセキュリティ・業種特化SEなど1つの分野で活躍している人たちです。私はいろんな分野に手を出していて決してスペシャリストではありません。どちらかというと全体最適化するようなものが楽しい。しかし、自分なりに軸足を置いているところはあって、ピボットを繰り返しているうちに徐々に行動範囲を広げていったようなイメージです」（鈴木）

年齢を重ねるほど、新しいことにチャレンジするのは難しくなるが、それを恐れないことも大きい。

「『新しいものが好き』ということが基本的にあると思います。外の人たちと関わると新しいものが自然と入ってきますが、完全にそちらに行ってしまうのではなく、今やっていることにどうやって取り込むかを考えていく。あくまでもベースとなるものがあり、新しいものを付加するたびに少しずつ軸足をずらし、気がつくと自分自身の立ち位置が動いていたという感じです。でも、社内にいるスペシャリストの友人たちは、軸足をずらすことなくその分野の中でどんどん新しいものを取り入れている。運用でも日々の業務を行いつつ、最先端のセキュリティ技術を取り入れています。そういう頑張り方もあると思います。人によって目指す方向は異なります。私はこれまでいろいろな人と付き合ってきたので、そういう経験を生かし、エンジニア同士の通訳やブリッジになることができているかなと思っています」（鈴木）

若手の相談役としての役割も自覚し始めた50代

最近は「あとに託す」ことも意識するようになった。それは常に現場の最前線に立ち続けた鈴木にとって大きな変化だといえる。

「今までは、人的ネットワークを次のビジネスに活かすことを中心に考えてきました。それ自体はこれからも変わりませんが、若い人たちが私と同じように新しいサービスを作ろうとしたとき、社内でどのような動きをすると成功に導けるかといったことを伝えていきたいと思っています。社内でも社歴が長いほうになってきましたから社内人脈も使い、若い人たちと一緒にディスカッションしながら、彼らが作りたいと思うものをどうやったら実現できるかを考えていく。当然ながら社内だけでできることではないので、社外の方たちも含め、自分の持っているネットワークの中の信頼できる方々を若い人たちと引き会わせ、新しいものを作ろうとしています。これ自体は仕事というよりも、部活動のような形ですね」（鈴木）

この集まりをリードしているのは、「これで世の中を変える」という熱い気持ちを持った20代～30代のＳＥたちだ。

「自分は幹部社員ではないので、彼らとは上下関係ではなく気軽に相談してもらえますし、一緒に手を動かします。社内外に多くの人的ネットワークを持っているか

ら相談しやすいのでしょう。すごくうれしい立場にありますよね」（鈴木）

最後の10年でaffective（感情）プロジェクトを実現させたい

鈴木の話を聞いていると、SEの働き方、求められるスキルが多様になる中、会社も変わってきていることがわかる。

「従来であれば、『このようなものを作りたい』という要望をお客様からもらい、富士通製品や自社ソリューションを使ってビジネスを展開していました。しかし、今は自社製品だけではすべてをまかなえないこともあり、自分たちでストーリーを考え、プロトタイピングして、お客様と一緒に課題解決するという流れになりつつあります。富士通はハードウエアやクラウドもあり、SEもいる。プロトタイピングや実証が必要となれば、ものづくりの部署が協力してくれますし、会社全体としてそのようなやり方をサポートしてくれる体制であることはありがたいと思います」（鈴木）

富士通では、60歳の定年後、65歳まで1年ごとの契約更新で働き続けることができる。鈴木の場合、最長まで働いたとしてあと10年。センサーシューズプロジェクトの研究開発をさらにピボットさせ、「affective design」のプロジェクトに発展させたいという。

「センサーシューズのプロジェクトの1つに『足裏触覚シューズ』というものがあります。靴の中に水が入ったときやガムを踏んづけたときの気持ち悪さや爽快感を表現できないかと研究しているプロジェクトです。靴の中に触覚提示装置を組み込み、感覚のフィードバックをします。現在のVRは視覚情報の提示がメインですが、センサーシューズとVRは相性がいいと思うのです。ヘッドマウントディスプレイを付けて砂浜を歩く映像を見ながら、砂浜を歩くザクザクした感覚を足裏に抱くようにするのです。自身が受けた感覚から行動が良い方向に変化していく、そんな情報の提示方法を見つけたいという気持ちがあり、そのようなものづくりができる人と出会えると本当にうれしくなります」（鈴木）

VRのプロジェクトはまだ基礎研究のレベルだが、3～4年くらいである程度方向性が固まり、6～7年後には世の中で使われるようになることを想定している。

「最初の段階では1年、2年といった期間で考えることができますが、企画がスタートすると、3カ月くらいの単位で仮説検証を行います。ここでは常に新しいものを作り、今後の進め方について判断を仰ぎます。成果を出し続けなければいけません。結果としては商品化されることが一番です。ただ失敗したことも、そのプロセスに携わってくれた人とのネットワークをきっかけに次の新しいものが作れるならば、それはプラスだと見ることができます。今回のセンサーシューズプラットフォームもまだ商品化できていない状況なので結果は出ていません。失敗となるかもしれません。しかし、それによって生まれるものや発見は必ずある。そのような環境だからこそ、いくつになっても新しいことにチャレンジできるのだと思います」（鈴木）

COLUMN

50代SEの転職は可能か

IT業界の人材不足は深刻

リーマンショック以降、IT業界全体では人材不足が深刻化している。『IT人材白書2017』（独立行政法人情報処理推進機構　発行）によると、2011年頃より人材不足を感じているIT企業が急増。2015年度の調査では、全体の24%が「大幅に不足している」、67%が「やや不足している」と答えた。「特に過不足はない」と答えた企業はわずか8・1%である。2016年度の調査では「特に過不足はない」とする回答が11・9%に増えたものの、人材不足は深刻な状況であることに変わりはない。

人材不足を解消すべく、多くの企業では経験豊富で即戦力となる中途採用に力を入れている。だが、希望に合う人材の獲得は容易ではない。先の調査結果によると、人材不足改善に最も効果があったのは「社内人材の育成強化」と回答する企業が一番多かった。特に、IoTやAIなどの最先端の技術者ほど中途採用は難しく、社内で育成したほうが早いのが実情だ。

転職市場は開かれているが、年齢制限に引っかかる

現在の状況をエンジニア側から見れば、転職のチャンスが広がっていることになる。実際、ソフトウエア開発の経験豊富なベテランエンジニアを積極採用する企業は増えていると言われている。だが、その多くは年齢制限を設けており、ほとんどは30代までを対象としている。求人広告で「50歳以上でも応募可」としていても、実際に採用に至る50代エンジニアは数%程度だという。

設立間もないベンチャー企業や規模の小さな企業は中途採用に積極的で、年齢に関係なく採用する傾向にあるが、そうした人材マーケットは大きくない。IoTやAIなどの専門性の高い技術を持っていれば話は別だが、50代SEの転職は厳しいと言わざるを得ないのが現状だ。

50代SEの転職は「人による紹介」

本書で登場する50代SEの中にも、何度かの転職を経験している人がいる。彼ら彼女らに共通しているのは「人による紹介」での転職だ。ステップアップにつながる転職を成し遂げているのは、かつての上司や同僚、クライアントからの誘いで転

職したケースばかりだ。40歳を過ぎてゼロから転職活動をすることの難しさを強調するSEもいた。結局のところ、今の職場環境の中でどれだけ良好な人間関係が築けているかどうか。年齢が上になるほどその傾向が強くなることは意識しておいたほうがいいだろう。

第4章

替えがきかない人に

50 YEARS OLD SE'S WAY OF LIVING

4-1 アプリとインフラをつなぐ「システムの要」、最前線で存在感示すベテランSE

SCSK　AMO第二事業本部　先進開発部
枡澤 明（51歳）

枡澤は、アプリ開発、インフラ構築、技術支援部門などを経験し、今ではアプリとインフラをつなぐエンジニアとして第一線で活躍中だ。同社にはベテランを積極的に登用する人事制度があり、60歳を過ぎても現役で働くエンジニアが多数いる。ただし、「やりたい仕事」を続けるには相応の成果を出すことが求められる。枡澤は経験を統合して活かす方法を作り上げた。それでも今の自分に満足せず、「宮大工」のようなエンジニアを目指している。

アプリとインフラを「つなぐ」スペシャリスト

システム開発は、上流や下流、アプリ側やインフラ側というように分業することが当たり前になっている。ＳＣＳＫの枡澤は入社以来いくつかの部署に異動しているが、全体として開発を下支えするインフラ構築に長年従事してきたように見える。しかし、自分の専門性はインフラ構築とは少し違うと答える。

「社内の組織としてはインフラに近いところにいますが、自分をインフラエンジニアだとは思っていません。あえて言うなら、アプリとインフラを『つなぐエンジニア』でしょうか。私はこれまで、インフラ、アプリ、その中間のミドルウエアやアプリケーション・フレームワークも経験しているので、それらすべてをある程度理解しています。それを強みに、うまくつなぐことが自分の役割だと思っています。近年システム開発では分業化が進み、ある分野に特化してしまうとほかのことが全然わからなくなってしまいがちで、だからこそ、自分のような存在が求められるのでしょう」（枡澤）

インフラとアプリを技術的につなぐ役割。システムの安全性を含む性能を担保する上で、とても重要な仕事をする枡澤。50歳を過ぎた今も最前線の現場にいられるのは、システム開発になくてはならない存在だからだ。

「私自身こういう仕事は好きですが、中間に当たるつなぎ役部分は人がいなくて、必然的にやらざるを得なかった面もあります。年齢的には管理的な仕事もしなければいけないのですが、そういったものには苦手意識もあり、あまり食指が動かなかった。もちろん、苦手でも人との調整は絶対に必要ですし、これまで携わってきた案件ではプロジェクトリーダーなどを務めてきました。システム開発とはユーザーの話をしっかりと聞いて仕組みに落とし込む仕事ですから、そういうことをやりつつも現場にいることを希望してきたのです」（枡澤）

UNIXのお守りをすることでネットワーク周りの技術を習得

CSK（現SCSK）に入社したのは1988年。当時盛んに研究開発されていたエキスパートシステムの開発を行う部門に配属され、まだ世の中に広がり始めたばかりのUNIXを担当した。以来、会社や世の中の流れにやや流されたこともあるが、結局は自分のやりたいことを少しずつ主張してきて今がある。

「大学では半導体関連の研究をしていたのですが、学生時代からコンピュータに触れる機会があり、ソフトウエア開発に関わる仕事がしたくて当社に入社し、最初はＵＮＩＸをメインとしたお客様のシステム開発をしました。当時はまだメインフレームが主流で、メインフレームのエンジニアたちからは『ＵＮＩＸなんて玩具のようなもので使えない』と笑われた時代です。そんな中で10年近くＵＮＩＸをやりました。実は、このときの経験がその後のキャリアに大きく影響していて、自分の技術のコアになっているのはＵＮＩＸだと思っています」（枡澤）

配属されたＡＩ・ＵＮＩＸ事業本部は、技術的なスペシャリストがたくさんいる部署だった。そんな中で新人だった枡澤は、文字通り「ＵＮＩＸのお守り」を任された。

「その頃のＵＮＩＸは本当に不安定で、誰かが常に面倒を見ないと使えないものでした。自分がお守りをしていたのですが、それ自体は仕事ではありません。ただ、使える環境にしておかないと仕事にならないので、仕方なく、先輩たちを見ながら独学で覚えました。といっても、イーサネットのケーブルを引いて、トランシーバとつないでワークステーションに接続するという肉体労働がほとんど。この作業に失敗すると500メートルくらいあるケーブルが無駄になってしまうので責任重大です。ネットワーク化されている機種はバラバラで、いろいろな製品のアプリケーションをインストールしてつないで使えるようにするなど、部署内のネットワークを管理する仕事も徐々に覚えていきました」（枡澤）

40代後半のとき自ら志願して現場へ

2000年頃からは、技術支援をする部隊に配属。リーダーやサブリーダーを任されるようになる。複数のシステムやアプリケーションを統合するＥＡＩ（Enterprise Application Integration）製品が海外で多数販売されはじめていたので、そういった製品を調査し、プロジェクトに入って広めるような仕事だった。今では当たり前になっているアプリケーション・フレームワークが出てきた頃でもあり、フレームワークのメンテナンスや案件支援を行った。

「今ではプロジェクトの立ち上げ時に共通で使うフレームワークなどは用意されているものですが、当時はまだなかったので自分たちで作りました。本来、フレームワークは汎用性を考慮すべきものですが、初めから完成度が高いものが作れるわけではなく、適用を繰り返す中でブラッシュアップしていく必要がありました。社内で開発しているので、言いたい放題のリクエストがありましたね（笑）。そのおかげで鍛えられた部分はかなりあったと思います」（枡澤）

この部署では、開発支援の仕事を中心に社内のノウハウを共有する仕組みなどを作った。組織が大きく変わるタイミングで、自分から「開発部隊に戻りたい」と志願した。

「40代後半で開発部隊に戻りたいと訴えたのは、もう少しじっくりと案件に携わりたいと思ったからです。支援部隊はさまざまな案件や部署を渡り歩いて支援するような仕事でしたので、どっぷり1つの案件に携わりたいと思うようになったのです。

開発部隊に戻ると、開発のための基盤作りに携わることになりました。以前はオープン系の小さなシステムだったのでインフラからアプリまで自分たちで開発しましたが、システムが成熟してくると分業化が進み、この頃からインフラ寄りの仕事にシフトしていきました」（枡澤）

若い頃に経験したアプリ開発が現場仕事で役立つ

50歳になる少し前から、証券会社のトレーディングシステムの再構築など、再び顧客に近い仕事ができるようになった。これまでのキャリアで築いてきたものを統合して活かせる仕事は楽しいという。

「最近は、グループ会社のＥＣシステムの再構築に携わっています。アプリとインフラ、その運用と全体を俯瞰して見ることが必要です。一般的な業務系システムであれば、よく使われる時間帯や締め日などシステムのピークがある程度決まっていて、それに合わせてシステム側の負荷を調整します。ただＥＣシステムの場合、セールやイベント告知直後に一気にアクセスが跳ね上がり、それらを処理できるようにしておくことが必要です。誰も明確な答えを持っていないので、みんなで『どうしようか』と知恵を出し合うことになります。そういったことはインフラ側の役割ではないかという意見もありますが、アプリ側でもできることはたくさんあります。運用と性能など全体のバランスを見つつ、つなぐ役回りがいないとうまくいきません」（枡澤）

今回改めて自分の特技は何かと考えてみたところ、ソースコードやスクリプトが書けることもそうではないかと気づいた。インフラ寄りの仕事が主軸になりつつあるが、若い頃にアプリ開発を経験してきたことが大きい。

「クラウドになるとインフラもコードで動かす時代になってきているので、インフラだけやってきた人でコードが書けないと今後厳しくなると思います。インフラ側にいてアプリを開発したり、逆にアプリ側の人がインフラを立ち上げたりといったことが普通になります。昔のように、ネットワーク構築なら任せておけというだけでは、もう食べていけないでしょう。これからのキャリアとしては、インフラ側からアプリ側に上がっていくより、アプリ側をしっかり経験しつつ徐々にインフラ側に降りてくるのが自然な流れなのかもしれません」（枡澤）

若いエンジニアたちには負けたくない

技術の進歩は著しいが、今の若いＳＥたちを見ていて特別違うとは感じない。しかし、状況が違う分、彼らは苦労していることがあるように見えるという。

「ＡＩ周りの状況だけを見ても新しいことはたくさん出てきますが、システム開発の仕事は、考え方やベースとなるものはそれほど変わっていないと思います。ただ、私たちが若い頃と今とでは、提示されるメニューの量が圧倒的に違います。昔からやっていれば、新しい技術を見ても『アレをこんなふうに変えたのか』といったことが考えられますが、今からインフラ技術を習得しようとすると、いきなり膨大な技術が提示され、まずどこから手を付ければいいんだと途方に暮れてしまうと思うんです。そういう意味で、若い人たちは取り組み方が難しいだろうと思います。私たちの世代は、新しい技術を少しずつ覚えることができました。その経験を基に、若い人たちには、何か1つ得意なことを見つけ、そこを基点に伸ばしていくほうが近道だよ、と伝えています」（枡澤）

新しいスキルや技術は自ら獲得してきたという自負もある。だからこそ、若手には負けられないという気持ちも強い。

「全体の方針を決めるような重要なところはチームでやりましたが、やりたいことは何でもチャレンジさせてもらいました。新しい製品が出ると、何かと理由をつけて買ってもらいましたし、買ったからには使えるようにしようと頑張りました。景気が冷え込むと難しいときもありますが、クラウドが普及したことで、開発環境やソフトウエアは安く手に入り、チャレンジしやすい環境になって良かったと思います。ただ、いくら環境があったとしても、自ら手を挙げて『こういうことがやりたい』と声を出さないと始まりません。そういう意味では随分とわがままをさせていただいたし、それを許容してくれる上司にも恵まれたと言えるかもしれません。そうやって身につけたものは、その後の成長に欠かせないものです。何か1つの技術に精通している人のところには、いろいろな情報が集まってきます。いろいろと質問を受けるから答えられるようにもっと勉強し、さらに幅を広げていく。そうやってエンジニアはレベルアップしていきます。その辺は若手もベテランもないので、負けないように自分も頑張っていきたいと思っています」(枡澤)

60歳を過ぎても活躍する「宮大工」のようなSEに

50代前半といえば一般的に大ベテランの領域だが、SCSKは現場で活躍するベテランエンジニアが多く、枡澤でも若手になりかねない。そんな職場環境に刺激をもらうことも多い。

「部署の再編などが重なり、一時期インフラ運用チームが4人だけになり、その中で最年少になったことがありました。もともとインフラチームはベテランぞろいですが、50歳を過ぎてチームの最年少になったときにはさすがにビックリしましたね。そのとき一緒に仕事をした先輩たちの中に、再雇用で働いている60歳過ぎのベテランエンジニアが2人いたのですが、2人ともまったく衰えていなくて、現役バリバリ。そんな彼らの様子を見て、自分が60歳を過ぎてもこんなふうに元気にやれるのかと、正直少し不安になりました。インフラ系の技術の根本はそれほど大きく変わっていませんが、クラウドが導入されるなど新しい考えや知識を求められることはあります。そういったことをキャッチアップしていけるだろうかと思いましたが、今でも現役で頑張っている先輩たちの姿には大いに勇気づけられました」(枡澤)

エンジニアとしてどのようなキャリアを選択するかは人それぞれで、同社ではマネジメントに進むだけがゴールではない。枡澤は現場のエンジニアとして進むことを決めたが、それは必ずしも楽な道ではなかった。

「私の周囲を見ても、マネジメントに進むか、現場でやっていくか、本人が希望する道を選んでいます。マネジメントはやりたい人がやればいいのではないかと思います。ただ、プロジェクトは1人ではできないですし、チームリーダーとしてマネジメントに関わることはあります。それは現場のエンジニアとしても無視してはいけないところだと思っています。それに、いくつになっても自分の手を動かしたいならば、それだけのスキルも維持しなければいけないですから簡単ではありません」（枡澤）

「最近はインフラ運用系にもクラウドの影響が大きく、今後変わらざるを得ない状況にあります。すでにその流れは始まっていますが、常に最先端技術をキャッチアップしていくことは年々難しくなっているのを感じます。一方で、昔ながらのシステムでは、宮大工のような熟練の技術を持つベテランエンジニアが今後も必要とされていくでしょう。できれば自分も宮大工のようなエンジニアになりたいですが、私はまだまだその域に達していません。どんなに楽しくても、ベテランとして現場に立ち続けるのは簡単ではないのです」（枡澤）

ＳＣＳＫでは高齢者雇用の仕組みとして、シニアの活躍を促し、定年後の収入基盤の確保を目的とした「実年キャリアプラン」という人事制度を構築している。60歳の定年後のコースとして、60歳で定年退職するコースか再雇用で継続勤務するコースが用意されており、給与体系などが異なる。そのどちらのコースに進むのか、54歳の時点で決めることになっている。枡澤はまもなくそのときを迎える。今のところは、60歳を過ぎても働くつもりだ。

「まだ家のローンがありますから（笑）。実をいうと、30歳くらいのときに転職を考えたことがあります。でも、結局やめました。そもそも自分のやりたいことはやれているので、この会社を辞める理由がなかったからです。だからずっと続いたんだと思います。この先10年のことはわかりませんが、思い切って今までと違う技術の仕事をしてみたいという気持ちもあります。簡単ではないことは百も承知ですが、AIにも興味がありますし、できることならばチャレンジしてみたいと思っています」（枡澤）

4-2 運用管理を切り拓いてきたフロンティア、「もっともっと良くしていきたい」

アシスト　東日本技術本部　システム基盤技術統括部統轄部長
兼　ビジネス推進部部長
蝦名　裕史（50歳）

運用管理を柱に、メインフレーム、オープン系、マーケティングや販促まで、30年近くにおよぶキャリアを築いてきたアシストの蝦名。20代で管理職になり、40代以降はマネジメントメインで、現場とは距離ができてしまったが、ここに来て「ゼロから新しい商材やサービスを作り出し、若手と競い合ってみたい」という夢ができた。その先には、「運用に関わる人たちが楽しく仕事ができるように」との思いがある。

メインフレームからオープン系へ、「運用管理」一筋のキャリア

アシストに入社して27年目の蝦名は、「運用業務のプロフェッショナル」として知

られ、日経ＢＰ社のＩＴ専門記者１００人が選ぶ「世界を元気にする１００人」にも選出された。ＩＴのプロ中のプロだが、大学の専攻は文学部で、この業界に入るまで、まったくコンピュータに触れた経験がなかった。蝦名が入社したころは売り手市場の大量採用時代であり、ＩＴ系企業は文系学生を採用することが多かったのだ。

「当時はメインフレーム全盛で、私も入社してから8年くらいはメインフレームで動くパッケージソフトを担当していました。その後、世の中の流れに合わせてUNIXやWindowsなどのオープン系製品に移行。私自身は、さまざまな製品を組み合わせてお客様に運用管理サービスを提供する『プロフェッショナルサービスチーム』のマネジメントを任され、さらにそこから数年経って日立製作所のシステム運用管理ソフト『JP1』を担当するようになりました。入社してから一貫して運用管理に携わってきたので、メインフレームからオープン系になり技術や言語が変化しても、メインフレーム時代に習得した運用管理の基本技術は常に役立ちました。それはありがたかったですね」（蝦名）

アシストの場合、入社時に担当した製品にその後何年も携わり続けることが多いという。だが、技術の移り変わりの中でなくなってしまう製品も少なくない。そうなると、担当していたエンジニアは違う製品や別の技術領域へと変わらざるを得ないのだが、幸い蝦名は運用管理から離れずに済んでいる。

「入社以来ずっと運用管理に注力できたのは、運に左右される部分もあったと思います」（蝦名）

「指差し確認」が教えてくれた大切なこと

入社から25年以上、ずっと運用管理ツールやソリューションに携わってきた。自ら運用管理を行うわけではないが、「運用管理のスペシャリストである」という自覚はある。

「メインフレームでも、オープン系でも、運用管理の基本は同じだと思っているのですが、メインフレームのほうがきめ細かいチェックを要求されていたような気がします。今の若い人に言うと笑われますが、コマンドを打ち込んでエンターキーを押す際、駅で電車の車掌さんがやるのと同じような『指差し確認』をすることが当たり前だった時代があります。当時は、今よりももっと失敗は許されず、新人の頃に厳しく指導されましたから」（蝦名）

その頃の確認作業は、紙に書かれたチェックリストに従い、作業が終わるたびにチェックリストに丸を付けていくというやり方だった。若かりし蝦名は「こんなチェックリスト、本当に必要なんだろうか」と思っていたそうだが、そのときに身についたものがあるからこそ、運用のスペシャリストになれたと振り返る。

「メインフレーム時代に基本的なプロセスや手法を身につけたので、オープン系に切り替わって言語やサーバーの種類が変わり、台数が増えても、すぐに対応できました。『システムを止めずにきちんと動かす』という運用管理の原理原則は変わらないので、メインフレームの頃にその部分を徹底的に仕込まれたのは大きかったで

すね」（蝦名）

入社当時に「COBOL言語研究」や「アセンブラ言語」に触れる機会があったため、まったくの未経験から入社してもプログラミングの基礎の体験はしていた。また、アシストのベテランエンジニアたちは開発経験者も多く、職種が違ってもフローチャートを描けるし、製品についてもプログラミングのロジックで会話が成立したという強みがある。ところが、今どきのエンジニアはそれができないことが多い。ロジックの部分がよくわからないようで、どうしてこの動作が止まってしまうかとか、動作が止まった後処理はどのような動きをするか、といった会話ができない。

「この十数年で技術的には大きな変化がありましたが、プログラミングの基本はそれほど変わっていません。あまり大きな声では言えませんが、若いエンジニアたちが作ってくる設計書の中には、15年くらい前に私が作った設計書を基にしたものがかなりあるんですよ。内心『この設計書の基は自分が作ったんだけどな』と思いつつ、『設計書を作りました』といって持ってきた若手には『すごいね』と言うんです（笑）。

でも、そうやって役立つならそれもいいんじゃないでしょうか」（蝦名）

40歳で自分のパソコンに検証環境を作らなくなった

管理職と呼ばれる役職に就いたのは20代後半。3、4人の小さな課の課長だった。といってもプロジェクトリーダーのようなもので、仕事内容としても、本人の意識としても、およそ課長らしくはなかった。しかし、35歳で部長職に就くと、いろいろな面で変化が見えてきた。

「初めのうちは現場から離れることに抵抗があり、自分のパソコンにも自社製品をインストールし、できる限り自分の手で検証作業をしていました。ところが、40歳を過ぎた頃からマネジメントの比率が高くなってきて、自分で製品に触ることが難しくなってしまいました。当時、2年に1回くらいの頻度で新しいパソコンに入れ替えていたのですが、ある時から自分のパソコンに担当製品をインストールしなくなりました。これは象徴的な出来事でした。それまでは毎年のバージョンアップも

必ず自機で試していたのに、それもしなくなりました」（蝦名）

自分で手を動かす代わりに、人員の調達や割り振りなど、全体を見据えたマネジメントに費やす時間が圧倒的に増えた。そして、新しいサービスやソリューションを作り出す仕事にシフトしていった。新しいサービスやソリューションといっても、やはり運用管理をターゲットとしたものだ。アシストが提供しているＩＴサービスマネジメント実践ソリューション「縁（ENISHI）」は、蝦名が中心となって作成したものだ。このソリューションには、メインフレーム時代からの蝦名の経験がふんだんに盛り込まれているという。

さらに、6、7年前くらいからは販促やマーケティングを行う部隊の責任者も任され、イベントやウェブマーケティング、広告出稿などを取りまとめる。蝦名自身も対談記事に積極的に登場するなど、メディア対応を行っている。

「もともと、技術部隊とマーケティング部隊は別々の組織だったのですが、それらを一体化しようと、技術部隊にマーケティング部隊を組み込んだのです。サービスやソリューションを作り出す技術部隊はマーケティング部隊に対して、『どうして適切なタイミングでイベント企画やプロモーションをやってくれないのか』という思いがありましたが、一緒になることでそういった提案がしやすくなりますし、1つのイベントを開催することがこんなに大変なのだとわかり、お互いのことを考えて動けるようになりました。ただ、自分はやはり技術者なので、どうしても技術者の目線に立ってしまいます。忙しいとわかっているので原稿の催促などしにくいのですが、それを飲み込んで依頼しなければいけないつらさもあります」(蝦名)

管理職になっても、ユーザーと関わり続けるための環境を整備

アシストでは数年前からマネジメント職を目指すキャリアパスとは別に、「専門職ライン」という制度を設けている。すでに管理職になっていた蝦名はこの制度の対象外だが、もしも自分がその道を選べる立場だったらどうするだろうかと考えた。

「振り返って考えると、基本的に1人で結果を出さねばならない専門職よりも、チー

ムを率いてみんなでパフォーマンスを上げるマネジメントのほうがよかったと思います。ただ、私はお客様のイメージに合わせて設計図を作るような仕事が好きなので、常に現場に近い場所にいられるのは魅力的です。お客様の中にある『こんな運用をしたい』『こんな成果を上げたい』というイメージに対して、現実の制約条件の中でどうすれば実現できるかを考え、実際の設計図を描いて、意見をもらって書き直してというように、散らかっているものを整理して、お客様のニーズに合致するものに仕上げていくプロセスが好きです。自分の中には『これが正解だろう』というものがありますが、それは自分が作りたいものにすぎないので、その『正解』はあくまでも行き先を示す航海図として利用する。その提案をお客様に受け入れてもらうことを想像すると、とても楽しくなります。そういうことはマネジャーという立場でもできると思います」（蝦名）

自分の担当してきた製品やサービスに限らず、さまざまな経験をしてきたベテランだからこそ、相手のニーズをくんだ提案ができる。たくさんの失敗も、より良い提案をする上でとても役立つ。自分の担当製品の知識では誰にも負けなくても、守備範囲が狭く、顧客からの変化球に対応できない若手とはそこが違う。
とはいうものの、マネジメントにマーケティング業務も加わるなど、40歳以降はSEとしての仕事がやりにくくなっている現状に危機感を抱いていなかったわけではない。現場仕事の多くは部下に任せているので、ユーザーのニーズが見えなくなってくることが怖かった。そこで、最近になって顧客のマネジメント層を集めた「ユーザー会」という情報交換会を定期的に主催している。

「お客様のところに行くとしてもお詫びが目的であるなど、ここのところお客様との距離を感じていて、今現在お客様がどんなことに困っているのかを直接把握しづらくなってきていました。お客様のニーズは部下から上がってくる報告書に書かれていますが、文字で読むのと、直接会って話すのでは違います。集まるお客様のマネジメント層は40代から50代の同年代。製品やソリューションとは関係なく、ざっくばらんに相談したり情報交換したりする場で、かなりフランクな雰囲気です。会を開催する前後には、必ず参加ユーザーの会社を訪問して、現場を見せてもらいます。ただし、このユーザー会やユーザー訪問を直接ビジネスに結びつけようとは思っ

ていなくて、あくまでも今困っていることやニーズを知ることが目的です」（蝦名）

普通ならばSIerとユーザーは対等な立場になれず、ユーザーに対してはお客様ファーストな対応をせざるを得ない。その点、このユーザー会では、同世代が集まって、ほぼ対等な立場で会話できるという良さがある。ざっくばらんな場だからこそ、聞き出せる本音も少なくない。

「ユーザー企業から多く聞かれるのが、シニアの方々のスキルをどうやって活用するかという問題です。年齢が高くなると体力的に厳しくなりますが、人数の多い我々世代はまだまだ頑張らないといけません。しかも、40代前半は結構いても、40歳より下の世代がごっそりと抜けている会社が多いので、40代の人たちがこれから20年やっていけるように受け渡していく必要があります。私たちはあと10年だからいいかもしれないけれど、その下、さらにその下の世代がちゃんとやっていけるように、備えなければいけないと思っています」（蝦名）

基本となる軸は一緒でも、ずっと同じ位置にはいたくない

後進の育成に関しては、細かく教えるよりも「見て覚えろ」というタイプ。設計書の作り方を細かく教えるのではなく、お客さんとのセッションに同行させ、やり取りの仕方から設計書を作るまでを一通り見せて教えてきた。そのようにして技術を引き継がせ、さらにその下の世代へと受け継がれていくことも目指している。

一方で、定年までの10年、自分のためだけに使う時間にしたいという気持ちもある。今後のキャリアについて蝦名に問うと、「あくまでも希望ですよ」と前置きした上で、こんなキャリアビジョンを語った。

「実は、そろそろマネジメントを卒業して、次の世代にマネジメントを譲りたいと思っています。そして自分は、ゼロから新しい商材やサービスを立ち上げる、なんてことを夢見ています。もちろん現実的には難しいことは百も承知です。でも、若い頃から運用管理の製品に携わり、自分で立ち上げたソリューションもたくさんあります。もう一度そのフィールドに立って、若いエンジニアたちと競争しながらやっ

てみたいですね」（蝦名）

20代で課長、30代で部長に昇進し、今では技術部隊とマーケティング部隊を任されるほどなのだから、マネジャーとしての力量も買われているのだろう。ここまでは、どの仕事も「自分の経験を活かせる」として全力で取り組んできたが、定年が見えるところにきたことで、「新サービスの立ち上げなどをまたやりたい」という気持ちが沸き上がってきたようだ。

「過去を否定するつもりはないし、同じ仕事をずっと続けることも嫌いではありません。ただ、同じ仕事をするにしても、前回よりも良い結果を出したいと思っています。より短時間でできるようにしたり、もっとやりやすい制度を作ったり。例えば、同じ設計書を書くにしても、前回が5ページで表現したなら3ページにまとめて読みやすくし、逆に1ページだったものを2ページに増やして高い効果が得られるようにするなど、やれることはいくらでもあります。常により良いものを目指す、同じものでも新しく、ということをモチベーションに仕事をしてきたので、50歳以

降もずっと新しいことに取り組んでいきたいと思っています」(蝦名)

運用管理に光を当て、そこで働く人たちを輝かせる

これまでやってきたこと、これからやりたいことを総括すると「運用管理に光を当てよう」ということに行き着く。運用管理という仕事はとても重要な仕事だと認識されながらも、開発などと比べて下に見られることがある。そういった風潮をなくしたい。

「周囲の問題だけでなく、運用管理に携わるエンジニア自身の問題でもあります。運用管理のSEは、自分から発信し、ユーザーの話を聞くことが苦手な人が多い。ユーザー企業でも、運用管理の人に対して積極的に提案してほしい、とリクエストしているようですが、なかなか難しいようです。私自身、入社当時から『運用管理とはそういうものだ』と言われ続けてきたので、簡単に考えを切り替えられないのはわかります。運用管理という仕事の性質上、チャレンジングな取り組みは歓迎されないものですが、だからといって決められた通りにやればいいわけではありませ

ん。与えられた条件の中でより効率的に運用し、時間を短縮したり、それまでとは違う効果を生み出したりすればいいはずですから」(蝦名)

蝦名は運用管理のツールやサービスを提供する立場として、運用管理をする人々と接してきた。彼らは、エンドユーザーが稼働していない夜中や週末にインストール作業を行い、夜中でもすぐに呼び出しに応じられるような体制で眠っている。そんな人たちのためになるような仕事を目指してきたし、これからもやっていく。

「結局は、運用管理の人たちに楽しく仕事をしてほしい。そして、いつも気を張って暮らしているはずなので、彼らが安心して生活できるように、私たちとしてできることを考えていきたいと思っています」(蝦名)

運用管理の分野には、やらねばならないことが山のようにある。これからも力を尽くしていきたいと、蝦名は考えている。

COLUMN

50代SEの"やる気"を左右する健康問題

50代に入って痛感する「体力」「気力」の減退

本書で取材に協力してくれた50代SEに共通しているのは、全員が「体力の衰え」を感じているということ。本来あるべきではないのだが、納期を守るために徹夜で働くことも珍しくはない職業だからこそ、若い頃との体力の違いに愕然とするようだ。

40代半ばを過ぎた頃から長時間労働が極端につらくなる。若い頃ならば、徹夜をしても、一晩眠れば回復した。ところが、じっくり休んでも疲れがとれず、翌日以降のパフォーマンスが著しく下がってしまう。そのような体験を通して、「もう現場での仕事は無理なのではないか」と感じるSEも少なくない。

同様に、「気力の衰え」を危惧する50代SEもいる。あるユーザー企業の情報システム部に勤める50代SEは「ラインの管理職でもなく、だからといって現場の最前線で活躍することもできない。自分の技術を活かせない仕事に虚しさを感じる」と話していた。また、別のSEは「40代まで必死で突っ走ってきたので、50歳を過ぎて燃え尽きてしまったように感じている」と言っていた。

男性更年期などによる体調悪化の可能性も

50代にもなれば心身ともに若い頃とは同じように働けなくて当然なのだが、そうした心身の不調には50代ならではの病気が影響している可能性がある。

50代男性に特徴的な病気としては、男性ホルモン（テストステロン）の低下によってあらわれる男性更年期障害（ＬＯＨ症候群）がある。男性更年期障害では、全身倦怠感、不眠、ＥＤ（勃起障害）などの身体症状のほか、気力の衰え、集中力の低下、抑うつなど、さまざまな症状が見られる。また、長年にわたる喫煙、乱れた食生活、運動不足などにより、生活習慣病（糖尿病、肥満、高脂血症、高血圧など）のリスクが高まるのもこの年代。さらに、長時間コンピュータに向かっていることから、「ＳＥの職業病」といわれるほど腰痛に悩まされているＳＥは多い。メンタルヘルスでは、ＳＥをはじめとした技術職にうつ病が多いといわれている。長時間労働や厳しい納期管理などその原因はさまざまだが、40代以降ではそのリスクも高くなる。

いくつになっても生き生きと働きたいなら、無理が利かなくなったと自覚した時点で、心身の健康を最優先にしたライフスタイルへと変える必要がある。

第 5 章

自分の環境を作る

50 YEARS OLD SE'S WAY OF LIVING

5-1

転職するたびにステップアップ、「働きやすい環境」を自ら作れる立場に

日本リミニストリート　サービスデリバリー部シニアサポートエンジニア

服部 塔子（仮名、52歳）

服部（仮名）はERPコンサルタントとして複数の外資系企業を渡り歩いてきた。女性SEとして、子育てをしながらの現場仕事は容易ではなかったはずだが、培ってきた技術力と高いヒューマンスキルを武器に着実にステップアップしている。50歳を過ぎた今も「ここがゴールだとは思っていない」と話すなど、気持ちは前向きなままである。がむしゃらなだけでない戦略的な働き方も身につけ、ますますパワフルに仕事に打ち込んでいる。

SE専門学校1期生として学び、念願のSEに

SEという職業が誕生した1980年代の半ば、1986年に男女雇用機会均等

法が施行され、女性の働き方が大きく変わった。日本リミニストリートでシニアサポートエンジニアとして働く服部がSEとして働き始めたのも、ちょうどその頃だ。とはいえ、男性ばかりのSE業界で女性が生きていくのは容易ではない時代。服部は「SEとして働き続けたい」という気持ちを原動力に、少しずつステップアップして、50歳を過ぎても働き続けられる環境を自ら作り上げてきた。

「最初に就職したのは、中堅ソフトハウスの大阪支社で、都銀のシステムを担当しました。規模もさほど大きくなく、組織も若い会社だったので、新入社員ながら設計フェーズから入れてもらって、先輩に叱られながら一から学んでいった感じです。銀行系のシステムですから、トラブルがあれば24時間対応しなければいけませんし、基本設計などの上流から、ミドルウエア、運用までの全部の工程を経験しました。しかも、経理の経験があり簿記ができたので、会計システムを一から組ませてもらったり、営業のサポートとして提案活動をしたりしました。小さな会社だったからこそ、いろんなフィールドで、やりたいことをやらせてもらえた。『女性を積極的に活用しよう』という世の中の流れもあり、自分からやりたいと訴えればやら

せてくれる上司にも恵まれました」（服部）

中学生の頃からＳＦ好きだった服部は、コンピュータの世界に憧れ、コンピュータ総合学園ＨＡＬ専門学校（現・ＨＡＬ大阪）に入学し、システムデザインやプログラミングを学んだ。女性エンジニア以前に、ＳＥという職業自体がまだほとんど知られていなかった時代である。

「当時、大学でコンピュータを学ぼうと思ってもハードウエア関係の専攻しかなかったと思います。そこで、『ＳＥを育てる』というコンセプトで開校された専門学校に入学しました。私はその専門学校の1期生です。とにかくＳＥになりたくて、アルバイトでもプログラム開発をやっていたので、キャリアは長いんですよ」（服部）

新卒で就職してから7年後、結婚のタイミングで東京オフィスに移籍。当時は「女性は結婚したら仕事を辞めるもの」という考えが当たり前で、「そこまでして働かなくても」と言われたこともあった。

「私の中には『仕事を辞める』という選択肢はまったくなくて。結婚しても、営業のサポートなど、何らかの形で仕事を続けることはできると思っていました。その時点でSEとして働き始めて7、8年経っていますから、それなりに積み重ねてきたものもありますし、明確な根拠はないものの、『やっていける』という自信はありました」（服部）

結婚や妊娠などライフイベントのタイミングで転職

30歳で東京に来てからは、プログラミング中心の仕事を続けてきた。しかし、上流から下流まで一通り経験して、やり尽くしたような気持ちになり、その先のキャリアのことを考えて33歳のときに転職を決意した。

転職先は、会計ソフトからスタートし、ERPパッケージで成長してきた外資系のソフトウエア会社。服部が入社したのは、国内企業がこぞってERPシステムを導入していた時期で、「波に乗った」という印象だった。現在まで続くERPコンサルタントとしての第1歩を、この会社から踏み出した。

「営業と一緒に提案するような仕事をしていたので、コンサルタントに興味が湧いて、転職先では会計コンサルタントとして働き始めました。コンサルタントとはいっても、日本中を飛び回ってインプリもやりましたし、トラブルシューティングもやりました。かなり肉体的に厳しい仕事ではありましたが、それ以上に会社のカルチャーの違いに戸惑うことのほうが多かったように思います。それまで勤めていたソフトハウスでは、都銀系の仕事をしていたこともあって『バグは悪だ』とされていましたが、転職先では『バグはあって当たり前』という世界でした。日本と米国の違いもあり、日本人ならば『ここがおかしい』と言えば細かい点まで全部修正しますが、外資では言ったところしか修正されませんでした。このあたりのマインドチェンジがなかなかできず、しばらくは精神的なストレスを感じました」（服部）

2回目の転職は妊娠のタイミング。ただし、このときはすぐに転職せずに、しばらくフリーランスSEとして働いた。

「私のいた部門が縮小されたとき、ちょうど妊娠しました。退社することを周囲に伝えたところ、お付き合いのあったSIerさんやお客様から声をかけていただいて、アルバイト的にお客様のサポートをさせていただきました。そうやって妊娠中の1年間くらいはフリーランス的に働いていました。ところが、出産後しばらく経って再就職しようとしたものの、なかなか面接までこぎ着けられない。その後も何度か転職をしていますが、在職したままだと転職先があるのに、辞めてしまうと難しいというのはIT業界の『転職あるある』らしいです。なので、すごく苦労しましたが、なんとかSAPの導入を行う外資系企業に入社することができました。しばらくSAP導入のサポートをしていましたが、国内ベンチャーのEBS導入会社に転職してから、日本中を飛び回っていました。転職した当時、子どもは2歳だったと思います。働いた7年の間、子連れ出張もずいぶんやりました」(服部)

40代でゴールだと思った転職はゴールではなかった

その後も、会計、ERPといった専門を武器に、外資系金融企業のIT部門、外資系コンサル企業と、何度かの転職を経験した。

「ある程度自分の裁量で動けて、小さなプロジェクトをどんどん回していくのは自分に合っていると思うのですが、入社して6、7年くらい経つとやることが固まってくるので、息苦しくなってしまうのです。ただ、40代前半のときに外資系金融企業のIT部門に入社したときは、『ゴールにたどり着いた』と思いました。SEのゴールはユーザー系企業だと思っていましたから。でも、そこはゴールではありませんでした」（服部）

今回が最後の転職と思った企業だったが、外資系企業に特有の部門クローズ、ポジションクローズがあり、日本オフィスの存続も危ぶまれるほどだったので、転職することになった。とはいえ、決してネガティブな転職ではなかったからこそ、転職のたびにステップアップすることができたと振り返る。

「さまざまな会社の会計システムを見る立場にあったため、あらゆる会計ソフトを経験しています。会計士ではありませんが、会計システムについてはベースとなっている考え方や構成などもわかりますし、ビジネスにおける会計の流れも把握して

います。何度も転職していますが、『会計が自分の強みになっているな』と、思いますね」（服部）

ユーザーや取引先に直接引っ張り上げられて次のステップへ

外資系金融企業を退職後は、外資系コンサルティング会社で会計コンサルタントとして働いたあと、現在勤務する日本リミニストリートに転職した。前職のコンサル会社には1年も在籍しなかったが、これまでに築いてきた人のつながりが、彼女を新たな道に導いた。

「以前同じ会社で一緒に働いていた人が日本リミニストリートに転職するにあたって、私にリファレンス（前職の同僚や上司に、転職予定者の経歴などを確認する手法）を依頼されて書いたところ、『もう1人採用したいようなのでどうですか』と誘われたのがきっかけです。前の会社に入社してそれほど経っていませんでしたが、運用系でサポートの仕事をするのもいいかもしれないと思い、転職することにしました。子どもが成長して多感な時期に入ったので、コンサルよりも時間の都合がつきやすい仕事のほうがいいのではないかという考えもありました」（服部）

こうして振り返って見ると、服部の転職は、かつての顧客や同僚などから直接誘われて入社したケースが目立つ。妊娠中に依頼されて個人として仕事を請けていた働き方は、とても象徴的だ。男性に比べて、ライフイベントに働き方を左右されやすい女性だからという点もあるだろうが、服部の場合それだけでお誘いを受けているわけではないだろう。

「たぶん最初に入社したソフトハウスでしっかり鍛えられたのが大きかったと思います。上流から下流までSEとして担当しましたし、プロジェクトマネジャーとしてそれなりの規模のプロジェクトを動かし、ユーザー企業では管理職にもなりました。そうやって一通りを経験しているので、プロジェクトのサイクルを見つつ、各フェーズで起こるべきこと、調整すべきことなどをある程度想定して動けます。そういうやり方を自分なりにアレンジしてきて今に至るので、会計やERPといっ

た技術的なベースとは別に、ビジネスとして活かせるスキルを身につけることはできたかなと思っています」（服部）

「人脈作りやお客様との交渉術など、ＩＴ以外のところでも活かせるスキルなので、まったく別の業界に進むことを考えたこともあります。しかし、今までの仕事を踏まえてステップアップし、かつ、パフォーマンスを最大に持っていこうと思うと、やはりＩＴ業界が最適だったということです」（服部）

数々の交渉を実現に導く「話力」も大きな武器であるように見えるが、そのスキルは先天的なものではなく、仕事をする中で培ったものだった。

「これを話すと必ず『嘘でしょ』と言われますが、私は本来すごく口べたで、ＩＴ業界に入ったのも人と話さなくていい仕事だと思ったからなんです。今でもプライベートではあまり会話が続かないですね。仕事だからなんとかやっています。というか、自分を変えないとここまでやって来られなかったというほうが正確かもしれません。新卒で勤めた会社の上司にも『お前の話し方では伝わらない』と言われ続け、お客様にとって必要な情報だけを整理して話す方法を徹底して仕込まれました。小さい会社でしたから何でも自分ひとりでやらなければいけなかったですし、そういう経験の積み重ねでしょうね」（服部）

女性ＳＥのロールモデルであることの責任

最近では女性ＳＥも珍しくないが、男女比では圧倒的に男性が多い職種である。実力があれば女性も男性も関係ないといっても、女性ならではの苦労も少なくなかったはずだ。

「私もそれなりに苦労しましたが、かつての女性上司とか、私より上の世代の女性ＳＥは相当苦労されています。今では大手ＩＴ企業でかなり上のポジションに就いている方は、途中、体調を崩され、本当に大変そうでした。今のように子どもを保育園に預けることもできず、スーパーマーケットに張り紙をしてベビーシッターさんを募集したり、近所のお年寄り宅にポスティングして家政婦さんを探したりした、といった話も聞きました。そういう話を聞いて『私はそこまでできない』と思っていましたが、たぶん今の若い女性たちから見たら、私もそう見えているかもしれませんね。女性が働ける環境はだいぶ整ってきましたが、まだまだ多様性は認められていなくて、男性と同じ働き方を求められてきましたから」（服部）

最近は女性の部下から結婚や妊娠について相談されることも増えた。そのような若い女性SEたちの将来のために組織と戦うことも、今の自分のミッションだと感じている。

「『結婚します』『いずれは子どもがほしい』と私のところに相談に来る女性は、仕事を続けたいと思っています。同じような相談を男性上司にすると、彼女たちの『働き続けたい』という気持ちを無視し、一方的に仕事の一線から外してしまうことがあります。それは男性上司が『そういうもの』という感覚でいるためでもありますし、単にどう扱っていいかわからずに勝手に良かれと思ってやっているケースもあるようです。いずれにせよ、それは彼女たちが望んだことではないので、『まずはきちんと彼女たちの話を聞いてください』とよく上司と喧嘩をしました」（服部）

ゴールはない。だから、常に変化を感じていたい

性別や年齢に関係なく、これまでのキャリアも認めてもらえて、待遇の面でも着実にステップアップできる環境を求めてきたところ、結果的に外資系企業を選ぶことが多かった。一方で、外資系企業ならではの不安定さも十分すぎるほど知っている。そのような中で、自分がいるべき場所やポジションはどこなのか、この歳になって改めて考えてみた。

「私にとってのベストポジションは、プロジェクトの中の参謀役のようなものでしょうね。プロジェクトのトップに立つのは、フットワーク良く動ける人で、私はその人のご意見番的に、周囲の人たちとのつながりを調整する役が合っていると思います。そうしたポジションなら、自分の特技が活かせて、かつ、会社やプロジェクト

に貢献できる自信があります。もしも組織内にそういったポジションがなければ『今の組織にはこういうものが必要で、私はそれが得意です』といったことを自分からアプローチしていく。ＩＴ業界にはそういった土壌があり、ほかの業界に比べて柔軟だと感じています」（服部）

そのような働き方を実現するには環境が重要だが、服部はそのような環境を作るための努力をしてきた。今こうして自分のペースで働けているのは、これまで積み重ねてきたものの結果にほかならない。

「上司や同僚、お客様との信頼関係との積み重ねがあるから、話を聞いてもらえるということはあります。そのためにも無理はしないんです。プロジェクトの中でも『ここまではできます』ということを明らかにして、無理そうな部分については『ここから先は保証できないので、この部分はリスクを取ってほしい』と交渉します。子どもを育てながら仕事をするには、そうせざるを得なかったところもあります。お客様との打ち合わせが夜になってしまうと保育園のお迎えに間に合わないので、そういった事情も含めて周囲に自分のことをさらけ出しておいて、『でもここまではちゃんとやりますから』と話しておきます。そうして打ち合わせの最初に時間をもらって、先に帰れるようにしてもらうのです。ある程度自分のポジションを上げておくことも大切ですね。ミーティングを設定するにも、自分がプロジェクトを仕切る立場であれば、自分の都合で予定を組めますから」（服部）

現在、日本リミニストリートではＥＲＰの運用・保守をサポートするプライマリサポートエンジニア（ＰＳＥ）というポジションにある。国内企業だけでなく米国やアジア企業もサポートしているため体力的にタフな面もあるが、専門外の部分もみんなで補い合う若い会社で、新しいスキルを習得してミッションをクリアしていくことが単純に楽しいという。

「結局のところ、ゴールはないんだと今は思っています。本当は50歳でリタイアするはずだったんですけれど、なぜかしていませんし、この先もリタイアしそうにありません。もう数年したら子どもも手を離れるので、そのときに次のステップをどうするのかを考えると思いますが、それまで今のままでいるかどうかもわかりません。これまでと同じように、常に変化に対応できるような状態にしておきたいと思っています」(服部)

5-2 経験を積んだ今だからこそ現場に出て、若い人たちの「お手本」となる

トライポッドワークス　セキュリティソリューション部　担当部長
遠藤一義（53歳）

インターネット隆盛期にネットワークの仕事に携わり、エンジニアとしてネットワーク関連のスキルを磨いてきた遠藤。30代、40代とキャリアに悩んだ時期を経て、たどり着いたトライポッドワークスでは、「人を育てる」という、それまでとは違う喜びを見いだした。常に現場で顧客対応をしつつ若い人たちに自分の技術や哲学を伝える能力は、雑誌連載やセミナー講師としても発揮されている。

35歳で転職、42歳で再度転職

宮城県仙台市出身の遠藤は地元の大手設備会社に就職し、システム開発を中心に

行ってきた。入社から15年ほど経った頃、ネットワーク再構築プロジェクトを担当したことをきっかけにネットワークに興味を持ち、ネットワーク関連の大規模プロジェクトを手掛ける技術系人材サービス会社に転職。派遣型ＳＥになった。当時の遠藤は35歳。「ＳＥ35歳定年説」に少なからず危機感を抱いていたころの転職だった。

「新卒のときに入社した設備系会社は、ただ上から降りてきた作業をこなすだけでした。この会社にいても課長止まりでしょうし、管理職になれば現場に出られなくなってしまうなど、先が見えていました。35歳以降のＳＥの仕事が厳しくなるという話も聞こえてきて、この先20年もここにいることは難しいと判断し、転職を決意しました」（遠藤）

35歳を過ぎてもやっていける技術として、遠藤はネットワーク関連技術を選び、転職先では主にサーバー・ネットワーク管理やカスタマーサポート業務などを担当した。世の中的にもＷｅｂシステムが広がり、ネットワーク関連の案件が急増していた時期である。大手電機メーカーの大口案件も多かった。ところが転職して数年経つと、大手企業が地方工場のシステムをセンター集約型にしていくなど、拠点のシステム管理のあり方が変わり、それに伴って遠藤のような派遣型SEの需要も微妙に変化していった。「さて、どうしよう」と思い始めた矢先、同じ仙台出身の佐々木賢一が地元で会社（「トライポッドワークス」）を設立すると聞き、設立から1年ほど経って同社に転職した。42歳だった。

「それまでに培ってきたネットワークの知識を生かした仕事ができるとのことで入社しましたが、設立間もないベンチャー企業でしたので、得意領域だけをやるわけにはいきません。私もネットワークを見ながらサーバー監視もするような立場でした。もともとインフラ系に携わっていたのでベースはありましたが、42歳で再度転職してからは勉強の毎日でした。ネットワークにしても新しい製品や技術が次々に出てきますし、新しい機能や仕組みを覚えて、環境に慣れるのに必死だったのを覚えています」（遠藤）

転職して役職に就いたが、今も客先の現場に行き続ける

トライポッドワークスに入社してからは、自社で企画開発したセキュリティ関連製品の評価や開発支援、現場での導入、サポートといったことをやり、徐々に製品の企画や設計も手掛けるようになった。役職に就いたが、今でも客先に行き、ネットワーク機器類の設置・サポートのほか、自社で企画開発した製品の設置やサポートも行う。本人いわく「何でも屋さん」だ。

「年齢が上がり、ずっとフィールドエンジニアとしてやっていくわけにもいかないので、製品企画や管理職的な仕事もやるようになりました。それでも自分自身では『現場のエンジニア』という気持ちでいます」(遠藤)

優秀なSEの中には、30代40代で独立起業する人が少なくない。将来のキャリアを考えて転職した遠藤も、40代前半で独立という選択肢が頭をよぎったというが、あと1歩が踏み出せなかった。トライポッドワークスでも経営に近い立場にあるが、や

はり現場に居続けることを意識している。

「一般的に、管理職的な立場になれば、現場は社員に任せなければいけなくて、技術的な仕事は難しくなるでしょう。そのような働き方は自分には考えられません。トライポッドワークスは、経営陣が自ら現場に行ってマシンの設置やサポートをしますし、現場で活躍するベテランエンジニアが多数いる会社です。年齢には関係なく困っている人がいたら手伝うし、経営陣でも現場に行くのが当たり前の職場環境なので、いくつになっても現場に出て働けているのだと思います」（遠藤）

経験と知識があるからこそ現場にいたほうがいい

遠藤の中には「経験と知識があるからこそ現場に出たほうがいい」という思いもある。仕様書や設計書がどんなにしっかりしていても、図面では見えない部分は必ずあり、「あるはずのマシンが現場に行ってみたらなかった」などということは日常茶飯事だ。そのような予期せぬ事態に対処するには、経験と知識が不可欠になる。

「ネットワークを含むインフラ周りの仕事は、ちゃんと動いている状態が当たり前。トラブルがあったときには、すぐに対処することが求められます。まず、そのトラブルの原因がハード障害なのかソフト障害なのか、ネットワークなのかサーバーなのかを切り分ける必要があります。それを的確に実施するには、正常なときの『インフラの状況』を把握した上で、さまざまな状況を総合的に判断しないと本当の原因を見つけることはできません。実際に現場を見ないことには、このような判断はできないのです」（遠藤）

現場で活かせるスキルとして、遠藤は「ネットワークコマンド」を挙げる。今どきは、ネットワークの管理・運営はＧＵＩ（グラフィカル・ユーザー・インタフェース）で行うことが増え、コマンドを使う機会はめっきり減った。しかし、特に現場では、コマンドが役立つ場面が多いという。

「コマンドを使って正常な状態を見ておくと、ちょっとしたトラブルが発生したときに、どこが違うのかを見つけやすくなります。正常時と問題がある時では返ってくる結果が違うので、比較しやすいのです。GUIでは何が表示されるかしか意識しないものですが、コマンドではどんな情報が入っていてなぜそのような結果が返ってくるのかを意識します。こうした仕組みを知っていることが大切です。そういう情報をきちんと持っていると、いざというときに役立つので、若い人たちにも『コマンドを使えると便利だよ』と伝えています」（遠藤）

コマンドを使えたとしても、それを広く見る視野を持つかどうかも大切だと遠藤は話す。遠藤自身、若い頃はどこかで問題が発生すると「ダメな理由だけを探していた」というが、ある程度年齢を重ねてからは「ダメなところだけでなく、それを補完するところまで広い範囲で考えられるようになった」という。

「点で見るとダメだけれど、できる部分をいくつか足して大きな輪としてオーケーならいいじゃないかと思えるようになりました。そういったことは、自分たちの年代では人から教わるのではなく、詳しい人がやることを見て自分で覚えました。独学で本を読みあさりましたが、体系立てて学んだことはありません。自分ではきち

んと勉強したという自覚はありませんが、現場でのさまざまな経験を通してブラッシュアップできていると思います」（遠藤）

50歳を過ぎた頃から後輩が育つことに喜びを感じる

「いつまでも現場で」という気持ちがある一方で、50歳を過ぎてから少し心境が変化した。「定年までにできること」を考えるようになったのだ。

「転職したときは『とにかく現場に出て、ネットワークの仕事がしたい』という一心で、その先のこととか、後進の育成など考えたこともありませんでした。ところが、50歳になって『定年まで後10年しかない』と思ったら、急に『先』を意識するようになりました。自分だけのことを考えれば、定年まで現場で働ければいいし、自分がいなくなっても会社はちゃんと回るので特別困ることはないでしょう。それでも、自分がここまでやってきたことや得意なことを、若い人たちに覚えてほしいという気持ちが芽生えてきたのです。自分が得意とするネットワークコマンドなど、知っておいて損はないので、『使えるとこんなに役立つよ』と伝えています。ただ、勘どころのようなものを伝えるのはとても難しいですね。人によって向き不向きもあるし、基礎の部分はある程度教えられても、応用は自力でやらないと身につかないと、自分自身の経験からも痛感しています」（遠藤）

もともと人を育てることは得意ではないというが、他部署の若手エンジニアたちからも相談を受けることが多く、かなり頼りにされている様子。自分から積極的に口を挟むことはしなくても、ここぞと言うときにはさりげなくサポートし、ときには遠方の客先まで同行する。ただし、状況把握やトラブルの原因究明は手伝うものの、そこから先の対応はできる限り若手SE自身が考えるように促す。そうして若手が自ら学び、成長する姿を見ることが、今では遠藤のモチベーションになっている。

「初めはわからないことがあると質問しにくるのですが、だんだんと質問内容が変わり、そのうち『こうだったので、やっておきました』と言うようになる。自信がないときでも『自分ではこう思ったんですが、ほかに何かありますか？』と聞いてきます。そういったことが積み重なって、成長していることが見えてきます。必要があれば彼らから来ると思うので、逐一、進捗報告させるようなことはしません。プロジェクトの内容は共有していますし、電話の内容や周囲とのやり取りは自然と耳に入って把握できますから。それでも、たまに『例の件どうなった?』と聞いてみるんです。そこで『こんな問題があったんですが、うまいこと修正できました』といった答えが返ってくると、よくやっているなとうれしくなります。こういうやり方は、マネジメントとは違うものだと思っていて、そういう意味でも自分はあまり管理職的ではないと思います」(遠藤)

若い人の育成をすればするほど、自分自身、エンジニアとしての技術がさび付かないように現場に出ることの大切さを感じる。とはいえ、この年代になって新しい技術をキャッチアップし続けることの難しさもわかっているので、その部分は若い人たちにどんどん委ねたいという。

「純粋に、若い人たちが成長している様子を見ると幸せな気持ちになります。そうやって彼らが育ってくれれば、今度は彼らから新しい技術を教えてもらえます。年齢や立場に関係なく、お互いにわかるところとわからないところを補完しながら、チームとして機能する形ができればと思うのです」（遠藤）

記事を書くことで自分の得意分野と目的意識が明確になった

後進の育成を考えるようになったのは、2009年からネットワーク専門誌『日経NETWORK』で連載記事を担当するようになったことも影響している。トライポッドワークスが定期的に開催していた無料セミナーで、遠藤が講師を務めていることを編集部が聞きつけ、連載が開始されたという。

「対外的に記事を書いたことなどないですし、当時は業務が忙しかったこともあって、一度はお断りしたんです。でも、そのことを相談した当時の上司に『せっかくのチャンスだったのに』と怒られまして（笑）。改めて自分から連絡して、連載させてもらうことになりました。この連載を始めてから、お客さんに『日経

NETWORKに連載している人ですよね？』と聞かれることもあります。特に、初めてのお客様はどんなエンジニアなのか不安に思うこともあるはずですが、雑誌に寄稿しているというと、技術面では安心してもらえ、いろいろと相談を受けることも増えました」（遠藤）

雑誌の寄稿に加えて、2010年からは日経BP社主催のネットワークコマンドに関するセミナー講師も務める。現役のエンジニアとしての経験を活かし、実際の現場で起きたケースをふんだんに盛り込んだ実践的な内容になっている。わかりやすくて役立つと好評で、今も続く人気セミナーである。

「初めは『自分が講師でいいのだろうか』と思っていましたが、編集部の方から『現場のエンジニアだからこそ説得力がある』と言われ、自分でもそうなのかなと思えるようになってきました。だからこんなに長く続いているんだと思います」（遠藤）

体力の衰え、若手を育ててカバーする

ネットワーク系エンジニアの場合、トラブルが発生すると即座に呼び出される。遠藤も若いころは『火消し屋』と自称していたほどだった。時間に関係なく拘束され、体力的にも精神的にもキツい状態が続いていたが、そんな状況に耐えられたのも若くて体力があればこそだった。

50歳を過ぎたSEならば、誰もが体力の衰えを感じることになる。いくつになっても健康でバリバリ働けるように、しっかりとした健康管理や運動習慣は大切だ。遠藤も休みの日には自転車に乗ったり、散歩をしたりして、健康維持に努めている。また、無理して頑張ることは、自分にとってだけでなく、周囲にとってもデメリットであると気づいた。

「今でもトラブルがあれば長時間対応しますが、そういうやり方は年々つらくなっています。1日でも徹夜しようものなら、次の日はダウンしてしまいます。体力の回復にすごく時間がかかるのです。若手の教育に興味があるというのも、自分自身

の体力がなくなっているので、若い人たちに対応できるようになってほしいという面もあるかもしれません。自分自身の健康を損なわず、かつ仕事も楽しくやるために、自分と同じように仕事ができる人を増やしていこうとしているのです。そうすれば自分の体を酷使することもなく、周りの人たちも仕事を覚える機会が増え、結果としてその人の実力になる。そういう考え方ならば、Win-Winではないでしょうか」（遠藤）

定年後も人から「ありがとう」と言われる存在でありたい

定年まであと7年。具体的なビジョンはないが、ここ数年取り組んでいる「人に教えること」には興味があるという。

「すごく漠然とですが、自分より年上の高齢者の人たちに、コンピュータやネットワークのことを教えるような仕事をやってみてもいいかなと思っています。ただそれは、自分にとってはまだ先の話。今は、どんどん出てくる新しい技術をキャッチ

アップし、最新の技術を取り入れた製品やサービスを作っていきたいと思っています」（遠藤）

エンジニアとしてやりたいこともあるが、結局は目の前にいる人に喜んでほしい、という気持ちが遠藤の原動力である。たくさんの現場に行き、目の前の顧客が困っていることに耳を傾け、広い視野で問題点を見て解決に導いていく。こういうことを繰り返し、身につけたことを次世代に受け継いでいこうとしている。

「50代になって、今までの自分を振り返ると、目の前のお客さんの要望に一生懸命応えてきただけではないかと思います。単純に、人に喜んでもらえる、感謝されるというのは、とてもうれしいことです。いまだに『ありがとう』『助かりました』という一言をもらえただけで、その日はよし。結局は、こうしたことを定年まで、もしかするとその先まで続けていくのが自分の幸せなのかなと最近では思うのです」（遠藤）

COLUMN

シニアSE活用のための法整備も進む

60歳を過ぎても働くのが当たり前に

IT業界では、エンジニアの高齢化は大きな課題である。ボリュームゾーンの50代が定年を迎えると、今以上に深刻な人手不足になることが危惧されている。それにより技術力が損なわれることの影響も大きく、いまだ稼働中のメインフレームに対応できるエンジニアが一斉にいなくなったときにどう対処するか、それまでにマイグレーションを完了できるのか、大手企業でも対応に追われている。そうした状況において、今はまだ現役の50代エンジニアに長らく働いてもらえるよう、各企業では制度改革が進められている。

政府としても高齢者雇用のための法整備を行っている。2006年4月に高年齢者雇用安定法が改正されたことを受け、60歳以上の高齢者の雇用確保が義務づけられた。それにより、「65歳までの定年の引き上げ」「65歳までの継続雇用制度の導入」「定年制度の廃止」のいずれかの高年齢者雇用確保措置を実施する必要があるほか、解雇などで離職する予定の45歳~64歳の従業員に対して再就職援助を行う必要がある。

「雇用延長」と「再雇用」の違いを知っておく

60歳定年でも65歳まで働ける制度を整えている企業が増えている。ここで、「雇用延長」と「再雇用」は似ているが同じではないので知っておきたい。それぞれに厳密な定義があるわけではないが、一般的に「雇用延長」は定年年齢に達しても退職せずにそのまま雇用する制度で、「再雇用」は定年時に退職してから再度雇用する制度だとされている。

「雇用延長」は定年延長も呼ばれ、それ以前の給与形態や勤務形態が継続される。一方の「再雇用」は一度退職しているので、契約社員や嘱託社員として改めて雇用するケースが多く、その場合は給与形態や勤務形態が以前とは変わってしまうことになる。また、こうした制度を利用した場合の退職金や社会保険の扱いは会社によって異なり、単純に65歳まで働けるようになったと喜べないケースもある。

70歳まで働ける制度を導入している企業もあり、今50代のSEが定年になる頃にはさらに高齢まで引き上げられている可能性もある。そうなったとき自分はあと20年働くことができるのか、一度考えておくことをオススメする。

第6章

得意を「副業」に

50 YEARS OLD SE'S WAY OF LIVING

6-1 時間の有効活用のために始めた「副業」、定年後の目標を見つける

牧田　浩二（仮名、53歳）
（大手光学機器メーカー）

働き方改革が進む中、「副業」「ダブルワーク」を見直す動きも加速している。大手光学機器メーカーに勤める牧田（仮名）は、最近になって勤務時間が短くなったことをきっかけに副業を始めた。もともとプログラミングが好きで、その延長として、クラウドソーシングに登録してプログラミングの仕事を始めたところ、時間の有効活用や収入面以外にもメリットを実感している。日本経済を活性化させるためにも、副業推進は有効だと話す。

大手メーカーに勤務しながら空いた時間にプログラミング

大手光学機器メーカーに勤務する牧田（仮名）は、製造部門からキャリアをスター

トし、研究職、管理部門など、さまざまな仕事に携わってきた。IT部門にいたわけではないが、自分でさまざまなプログラムを組んで、現場での仕事がやりやすくなるようにしてきた。社内ではとてもありがたがられている存在だ。そうしたスキルが「副業」という形で活かされている。

「エンジニアではありますが、ITの仕事は本業ではありません。しかし、業務上に生じるさまざまなデータを処理するのに必要なITシステムは自分で作るものだと思っていて、そもそもソフトウエアを買うという発想がありません。『こういうITシステムがあれば便利』と思ったら、自分で作ったほうが早いので、すぐに自分で作ります」(牧田)

牧田が副業をするようになったのは、1年くらい前のこと。事務系の部署に異動になり、ほぼ毎日定時で帰れるようになったことがきっかけだった。

「製造や研究などの現場で仕事をしていたときは年間で数百時間の残業が当たり前

でしたが、今の職場ではほとんど残業がなくなりました。早く帰っても時間を持て余してしまいますし、残業が減った分収入も減りますから、お小遣い程度でも自分のスキルを活かして働いてみることはできないかと思ったのです」（牧田）

副業をしてみようと思い立ち、いくつかの「クラウドソーシング」サイトに登録した。すると、そこには、牧田にできそうな多数のプログラミング案件があった。

「クラウドソーシングサイトにはたくさんの案件依頼がリストアップされていて、自分からやりたいとアプローチし、選ばれれば受注となります。あくまでも副業としての仕事なので、大きな案件は請けられません。基本的にはExcelのマクロを作ってほしいというような簡単なものばかりです」（牧田）

人気のある案件には数十人が立候補し、見積額を提示することになる。

「自分の中で1時間当たりいくらくらいという基準を作るようにしています。安くすれば仕事を受注しやすくはなりますが、作業量に見合わなければ徒労感が強くなります。ただ、ある程度金額を下げないと仕事を取れないので、自分なりにライブラリを用意するなど、安くても早く効率よく作れるように備えています」（牧田）

現場の業務をプログラミングで楽にしてくれるありがたい存在

プログラミングを副業とするからには、それなりのスキルが必要になる。使いこなせる言語は、「Basic」「JavaScript」「PHP」などのスクリプト系、データベース系のSQL、データのやり取りに使われるXMLと幅広い。これだけの言語をすべて独学で身につけたのだという。こうしたスキルを活かし、牧田は必要に応じて何でも作ってしまう。

「最近は、会社の中で人材育成の必要性を感じていて、それぞれの人がどのような資格やスキルを持っているかを管理する人材データベースシステムのようなものがほしいなと思いまして、自分で作りました。といっても、ネットで調べた方法を組み合わせて作る簡単なもので、外注して作ってもらうような立派なＩＴシステム

ではありません」(牧田)

外注することなく「こんなＩＴシステムがあればいいのに」という要望に応えている。それは本業ではない。社内でも副業のような形でシステムを開発しているのだ。

「外注すると時間もお金もかかってしまいますから、それなら自分で作ってしまったほうが安上がりだし早いと思います。私のいる会社はメーカーなので、もともと『自分で手を動かして作る』という文化があり、私はその傾向が強いのだと思います。研究職をしていた頃のことですが、自分たち用のツールとして発電量予測ソフトを作りました。すると、そのソフトの存在を知った営業担当者から『お客様に売りたい』とリクエストされ、本格的に開発することになりました。しかし、自分たち用に作るのと、お客様のために作るのとではまるで違うので、そこから先は地獄を見ましたね」(牧田)

自由が何よりも大切だから、ITを本業にしたくない

これまでに作ったITシステムのほとんどは、自分や周囲の人たちの業務改善が目的である。自分自身もそのシステムを使うので、使いにくいところがあればすぐに手直ししてしまう。必要なサーバーマシンは、社内のインフラ部門に依頼して使わせてもらっている。

「プログラムを組むときは、その場で絵を描いて隣の席の人と話しながら作ります。きちんとした仕様はなく、そういう気軽さがいいですね。だから、自分が使いにくいと思ったら、ほかの人も使っているのに、ある日突然、画面が変わったりしちゃう（笑）。1年に1つ程度のシステムを作っていると思います。最近は働き方改革が注目されているので、先に話した人材データベースシステムのようなものは、ほかの部門からも使わせてほしいと言われています」（牧田）

ここまで来れば、本業ではないとはいえ業務として認められていると言える。「IT

部門で仕事をしたほうがいいのではないか」と思えるが、それは本意ではないという。

「ＩＴ部門の所属になると、当然ながらかっちりと仕様を決めてシステムを作らなければいけないですし、自由にできなくなってしまう。できれば今のままがいいです。あくまでも自分や周囲の仕事をやりやすくするためにシステムを組むというのがいいですね。社内には私のような考え方の人がほかにもいて、一緒に『こんなシステムがあるといいね』と盛り上がって作ることもあります」（牧田）

同様の理由から、自由度が下がる管理職ルートも避けてきた。過去には管理職昇進を打診されたこともあったが、現場のほうがいいからと断った。

「私にとっては自由が何よりも大切で、業務部門にいながらのシステム作りはやりがいがあります。自分の作ったＩＴシステムによって、一緒に働いている仲間が『仕事が楽になった』と言ってくれるだけでうれしいです。最近は総務的な部署にいてマネジメントシステムを作っています。「システム」と呼びますがＩＴを使うものではなく、制度や方式のようなものです。ただ、私から見ればプログラム設計にとても似ています。どうやって人に仕事をしてもらうか、そのアルゴリズムを構築することだと思います。プログラム設計が応用できると気づいてから、総務的な仕事も楽しくなりました」（牧田）

マクロ案件の多さに、日本企業の現状を知る

副業の仕事は自宅のパソコンで行う。Excelのマクロを組むことが多いので、Officeのライセンスを購入したくらいで、プログラミング環境のために特別な投資はしていない。

「今までで一番大きな案件といえば、建築の設計ソフトを作る会社からマクロを作ってほしいと請けたものです。発注元にとって難しい部分を作ったという感じです。この仕事を始めてみて、『マクロを組んでほしいというニーズはこんなにたくさんあるのか』と驚いています。話に聞くところでは、部署内でＩＴに明るい人

がマクロを組んで使っていたが、その人が異動になると不具合が起きても直せなくて困っているケースが多々あるようです。社内でマクロ教室を開いて教えたところ、すごく感謝されました。そういうことを教えられる人がいなくて細かな対応ができずに困っている会社はかなりあるようです」（牧田）

業務上困っている人を見ると、つい「できるよ」と声をかけてしまう性格。当然ながら、クラウドソーシングサイトでも引く手あまただが、すべてがうまくいったわけではない。

「中には請けてしまって失敗した案件もあります。HTMLのコーディング案件とのことで請けたのですが、詳細を聞くとシステムの立ち上げ案件だとわかり、お断りしました。面白そうだったので残念でしたが、システムの立ち上げ案件となるとその会社に行って作業をせざるを得ないので自分にはできません。副業としてやるには、そういった制約は必ず出てきます」（牧田）

見積金額や納期などすべて自分で交渉する

それまでは「自分たちが使うものを自分で作る」という形でシステム作りをしてきた。副業では「見知らぬ誰かの依頼を受けて作る」ことになる。その違いは大きかった。

「やはり責任感は違います。自分たちのためのシステムでしたら、不具合があればその場で好きなように直せばいい。でも、お客様のところに納めたものの画面が突然変わるようなことはできません。自分の中でこうしたらいいのにと思うことがあっても、お客様が求める形でキッチリ納めることをかなり意識しています。あと、仕様をきちんと決め、検収条件も明らかにしておくことが大事です。これらを明らかにしておかなかったために、あとになって『こうじゃなかった』と言われてお金を払われなかったということが実際にありましたから」（牧田）

仕様を固めるためのやり取りの中で相手の要望が少しずつ変わっていき、ダラダラといつまでも仕事をしなければいけなくなる、といったことはＳＥならば誰でも経験しているだろう。しかし、クラウドソーシングで請けた仕事の場合、交渉の責任は自分ひとりにある。

「会社対会社のやり取りであれば、契約書を交わし、しかるべき部署が顧客対応をしてくれるので、SEやプログラマがそこまで考えなくても済みます。でも、クラウドソーシングの場合は、お金を払ってもらえないとなると泣き寝入りになってしまう。登録者が守られる仕組みもありますが、それほど充実しているわけではありません。私の場合は本業があって、必要最低限の生活が保障されているのでそこまでこだわりはありませんが、こうした仕事が本業だったらかなり厳しいでしょうね」(牧田)

新しい技術はとりあえずかじってみる

今、働く環境は大きな転換期を迎えている。数年前にはなかったクラウドソーシングのような仕組みが今では当たり前になったが、これから数年たてば、もっと新しいフレームワークのようなものが出てくるのではないかと牧田は見ている。

「プログラム言語でも、その時々で主流となるものが出てきますよね。今であればAndroidアプリを作るのにJava技術者のニーズが高まっていますが、数年すれば違うプラットフォームが出てきて、違う言語のニーズが高まるかもしれません。私は新しい技術は何でもかじってみるタイプで、2年くらい前に機械学習の本が並んでいるのを見てＡＩの潮流を知り、『それならば』とPythonもちょっとかじってみました。だいたいはそれで終わってしまいますが…」（牧田）

牧田が新しい技術をかじってみるとき、まず関連書籍を読む。そこであまり深く考えずに、「こんなことができるならやってみたいな」というレベルで、実際にプログラムを組んでみる。

「とにかく作ってみることがミソです。手を動かさずに頭の中だけで理解しようとすると、難しく感じるのだと思います。以前会社で開いたマクロ教室でも、『マクロ』

という3文字を見ただけで『難しくてわからない』と決めつけている人がたくさんいました。そこで、マクロを『目玉焼き作り』にたとえてテキストを作ったことがあります。目玉焼きを作るには、フライパンを温め、卵を割り、火を通し、皿に盛るというような手順がありますね。こうした一連の流れがマクロです。目玉焼き作りを頭の中だけで考えると何だか難しそうですが、やってみるとそうでもないことがわかると思います。マクロも同じですと説明すると、わかってもらえたように思います。私自身、とにかく手を動かして新しい技術を身につけています」（牧田）

副業でまいた種が、定年後に花開くように

牧田自身は副業を持つようになって、日本の社会全体で副業（ダブルワーク）の自由はあるべきだという考えに至った。

「私はダブルワークをやったほうがいいと思います。今の日本の仕組みでは、所属会社の中でしか働けないことが多い。でも、そうした制約を取り払うことで活躍で

きる人はたくさんいると思います。彼ら彼女らが力を発揮できないことが、日本の問題と思えて仕方ありません。そういう人たちがダブルワークで仕事ができるようになれば、日本のＧＤＰは上がると思います。そのためにも副業選択の自由がほしいと切実に感じています」（牧田）

副業を経験してみて、将来のことも真剣に考えるようになった。「時間が余ったから」というきっかけで始めたことだが、遠くない将来、定年を迎えれば同じような状況になることは目に見えている。そのとき、どのように時間を使うか、そのためのシミュレーションをすることができた。

「定年後は再雇用制度を利用して働くことも可能ですが、今は、あまり再雇用を考えていません。どうせなら、自分のスキルを使って新しい仕事にチャレンジしてみたいと思っています。定年になるまでの数年でそのための種まきをして、定年後にそちらを本業にできればいいなと考えています」（牧田）

6-2 クラウドソーシングでニーズを発見、副業をきっかけに仕事への意欲が増す

安藤 晴仁（50歳）
（小規模ソフトウエア企業）

勤め先でキャリアアップを果たし、やりがいを感じられるならそれが一番。だが、長い不景気の影響で、望み通りの仕事ができていないSEもたくさんいる。安藤もそうした1人だ。現状を変えたいという思いからクラウドソーシングサービスを活用して「副業」を始めた。初めはアルバイト感覚だったが、いくつかの案件を経験したことで、「システム開発が好きだ」と再認識。世の中のニーズに気づくきっかけとなり、本業にも活かせているという。

開発系SEとしてキャリアを積み、気づけば50歳

小さなソフトウエア会社で開発系SEとして働く安藤。現在勤務するソフトウエ

ア会社は、設立7年ほどの若い会社で、社員も10人程度と小規模だ。30代、40代は目の前の仕事に追われ続け、気がつけば50歳になっていた。

「社会人になって10年くらいは、SEとして働くことで自分の視野が広がり、成長していることを実感できていました。しかし、そこから40代まではがむしゃらに仕事をして、じっくり自分のことを考える余裕もなかったように思います」(安藤)

新卒で入社したのは外資系の大手コンピューターメーカーだった。その会社は入社後数年で急速に業績が悪化し、吸収合併される。合併される直前に最初の転職を経験するも、転職後の会社も経営難に陥った。何度かの転職を繰り返し、現在の会社で5社目となる。

「3年ほど前に転職してきた今の会社は、受託開発中心で、主にWeb系システムを開発しています。私以外のエンジニアは全員インフラ系で、開発系は私だけ。今はPHPがメインですが、WindowsのASPやJavaでも開発してきました。メインフレームの経験はありませんが、新卒で入社した会社がコンピューターメーカーだったので、ハード側の動きをイメージしつつプログラムが書けるのは自分の強みだと思います」（安藤）

携帯電話やスマホアプリの開発案件が一気に増えた時期があり、そのとき、旅行会社の予約サイトなどを作っていた。Ｗｅｂ系システム開発に対しては、自分なりのこだわりもある。

「自分はＳＥとして、ソースコードの書き方などにはこだわりがありますね。開発ツールが進歩して昔よりも簡単に画面が作れるようにはなりましたが、その裏で動いているソースコードを見ると『なんだこれは？』と疑問に思うシステムは少なくありません。ずっと同じ人がシステムをメンテナンスするならいいですけれど、たいていのシステムはいずれ誰かの手に委ねることになるので、そうなったときでも改良を加えやすいように、読みやすくてわかりやすいソースコードを心掛けて作るようにしています」（安藤）

超多忙な40代から急転、余剰時間を活用するため副業を開始

副業に興味を持ち始めたのは前職の時。Ｗｅｂ系システム開発を軸にスキルアップを果たし、多忙な日々を送っていたが、40代半ばになって「このままこの仕事を続けていても大丈夫だろうか」と疑問を抱くようになった。その頃は激務であったため転職活動をしようにも面接に行く時間が取れなかった。そんな状況を打破したいとクラウドソーシングサイトに登録した。

「会社の仕事ばかりだと、どうしても案件が偏ってしまって、自分の世界が狭まってしまうように感じていました。そこで、クラウドソーシングのサイトに登録することで、世の中で求められている案件や、自分の専門であるＷｅｂサイト構築にどのようなニーズがあるかを知りたかったのです。もちろん、アルバイト程度の収入になればいいなという思いもありました」（安藤）

顧客のニーズに合わせてサイトを作ってきたつもりだが、実は自分の専門に引っ張

られて同じようなものばかり作っているのではないかと感じることもあった。そこで、エンドユーザーの持つさまざまな発想から刺激を受けることもあるのではないかと期待し、クラウドソーシングに登録したということだ。加えて、もっと自分の手を動かしてものづくりをしたかった。

「自分で手を動かしてプログラムを作ることが減っていた。そこに不安を感じていました。提案するにしても、自分でやってみてこれなら大丈夫だと自信を持って提案できるようになりたいです。ただ、それは前の職場では難しくて、転職を考えつつ、とりあえずクラウドソーシングに登録したというのもあります」（安藤）

かつての同僚には退職後に独立起業したＳＥもいる。安藤も独立を勧められたことがあるが、その決断はできなかった。かつての上司の勧めで今の会社に転職したが、激務の会社から一転、今度は時間を持て余すようになってしまった。その時間を有効活用するために、副業に力を入れ始めた。

「クラウドソーシングを介して、サイトの一部を修正したり、サーバーの設定を変更したりする、単発の仕事をいくつか請けました。サーバーといってもクラウドなので、顧客のところに出向く必要はなく、副業でも十分にできます。Ｗｅｂ系の案件ではＥＣサイトの仕事が多いのですが、ＥＣサイトは課金システムが絡むなど運用にも関わる必要があり、副業として取り組むには少し時間的に難しいですね。ただ、そういったＥＣ系案件を見ていると、Amazon.comやFacebookとの連携やマーケティングシステムに興味があるけれど自力ではできないというニーズがかなりあることがわかりました。それは私たちから見ると宝の山で、勤めている会社で事業展開できればと考えはじめたところです」（安藤）

たくさんチャンスがあるとわかり、奮起するきっかけになった

正直、モチベーションが途切れそうになってしまったこともある。それでもクラウドソーシングサイトでさまざまな案件を見ていると、やる気がわいてくるのだという。長らく思い出すこともなかったが、若かりし日の夢に思いをはせる余裕も出てきた。

「新卒で入社したコンピュータメーカーで、人工知能の開発部門に在籍したことがありまして、そこでは自動で人員配置などを行うスケジューリングシステムの開発に携わっていました。20年前のＡＩですからツールは今とまるで違いますし、当時はまだ新人だったので先輩のいう通りに設計に落とし込んでプログラムを組むくらいのことしかできませんでした。ただ、当時身につけたものをまた役立てることがあるかもしれません。実際、ＡＩについてはまだまだノウハウを蓄積している段階だと思うので、自分たちにできることを考えていきたいですね」（安藤）

現在は研究開発部長という肩書きがあるものの、小さな会社なので普通の社員とそれほど違いはない。自分の手を動かし続けたい安藤にとって、肩書きはどうでもいいという。

「昔の仲間の中にはセールスエンジニアなど営業系の仕事にシフトしていった人間がたくさんいます。自分にもそういう選択肢はありました。でも、この仕事をしていて楽しいのは、やはりシステムが完成して、ちゃんと動くことです。それも単に作るのではなく、より早く効率的に作れるような自分なりのひな型を作っておいて低コスト化を実現するとか、付加価値を高めるような工夫をして、それが認められればうれしいですよね」（安藤）

副業で見つけたこともヒントに、事業の柱を固めたい

小さな会社だからこそ、部長も経営者目線を持つことが求められる。安藤は、クラウドソーシングサイトを通して世の中のニーズを把握しようとしている。

「会社の業績としては安定していますが、規模は小さく、成長している実感はありません。会社が成長して人を増やせるようになれば、自分のノウハウを後輩に受け渡していける。だから、なんとか形にしたいです」（安藤）

まだ50歳になったばかり。ここから先を現役ＳＥとしてどう生きるか、模索している最中でもある。場合によっては、経営に加わる可能性もあるらしい。

「経営への関与を求められれば、自分なりに経営の勉強をするなど、もちろん頑張ります。それでも自分は、手を動かすことはやめたくありません。あくまでも現役SEとして全うしたいです。ITの世界はどんどん横に広がっている印象があります が、今の日本ではオールラウンダーよりもスペシャリストのほうが評価される印象があります。自分としても、専門を深めていくことに興味があるので、そこはこだわっていきたいところです」（安藤）

副業はあくまでも個人的なものだが、会社の成長につなげたいという思いは強い。

「今は事業の柱を作るとき。会社の成長は自分自身の成長に直結するものだと思っています。以前は忙しすぎて余裕をなくしていましたが、やはり自分は忙しいくらいのほうが充実していました。そのほうが公私ともに充実感を得られるでしょうね」（安藤）

COLUMN

「副業ＯＫ」な企業が増え始めた

少数派ではあるが徐々に増えている副業ＯＫ

２０１７年11月、厚生労働省が作成した「モデル就業規則」では、副業を認める内容に改正する案であることが話題になった。事前に届出を行えば副業を認めるモデル就業規則としたのだ。ＩＴ業界では早くから「副業ＯＫ」とする企業が多数存在している。有名なところでは、Yahoo!、Google、サイボウズ、サイバーエージェント、LINEなど、ネット系企業で副業を認めている。副業・兼業・パラレルキャリアなどさまざまな呼び方があるが、副業を推進する企業では、副業によりそれぞれの社員が持つスキルを高め、イノベーション促進、人材育成、起業のきっかけになると考えているようだ。最近の新卒採用では「副業ＯＫな会社に就職したい」という学生もいる。そういう意味で、企業のブランディングにも役立っている。

とはいえ、現実には副業を認めていない企業がほとんど。中小企業庁による「平成26年度兼業・副業に係る取組み実態調査事業報告書」によれば、副業を認めているのはわずか14・7％で、副業禁止が85・3％にも上る。

相談してみたら認められることもある

企業が副業を禁止する理由としては、就業時以外の長時間労働による健康管理、職務への影響、機密情報漏洩のリスクなどが挙げられる。しかし、企業としては積極的に副業を推進していないまでも、申請があれば内容に応じて認めている企業もある。実際、投資などの「不労所得」まで禁止しているわけではなく、家業の手伝いなど、どこまでを副業・兼業と見なすかの線引きは難しいところもある。

SEの場合は、本書に登場した2人のようにクラウドソーシングサービスを利用して単発の開発案件を請けるほか、自分で運営するWebサイトでのアフィリエイト、社外セミナーの講師やテキスト執筆、大学の客員教員といった「お小遣い稼ぎ」をしているケースも目立つ。就業規則上は副業禁止となっていても、申請すれば認められることも少なくないので、興味があれば一度相談してみるといいだろう。

徐々に現場での仕事が減ってきて、終業後や週末に自分の時間を持てるようになったというベテランSEならば、自分の技術力を活かす方法のひとつとして副業を考えてみる。そのまま定年後のセカンドキャリアとして続けられるかもしれない。

第 7 章

SE経験が武器

50 YEARS OLD SE'S WAY OF LIVING

7-1 コンサルタントに転身して高い視座を獲得、「本質」の追求で業界に貢献

NTTデータ経営研究所　シニアスペシャリスト
早乙女 真（59歳）

大手ベンダーを経て、40代でSEからITコンサルタントに転身。コンサルタントとしての高い視座により、それまで見えていなかった業界の課題などが見えたという早乙女は、システム開発やIT業界の「健全性」を高めることに生きがいを感じているという。そうした取り組みができるようになったのも、20年弱におよぶSE経験により培われたものがあればこそだと振り返る。

コンサルタントはSEの「上がり」であらず

新卒で入社した大手ベンダーでSEを20年弱経験したあと、NTTデータ経営研

究所でコンサルタントとして働く早乙女。SEからコンサルタントへのキャリアチェンジは、収入面で大幅に増える可能性が高いことから、SEの「上がりルート」だといわれてきた。しかし、早乙女の話を聞く限り、現実のコンサルタントという仕事は本来期待される姿とは異なっており、SEの勝ち組がコンサルタントを目指すのは間違ったキャリアパスかもしれないという。

「私が描くコンサルタントとは、ユーザーとベンダーの間に立ち、全体を俯瞰した改善提案ができる存在ですが、そのように取り組んでいるコンサルタントは想像以上に少ないと感じています。そもそも発注者側の要求からしてあるべき姿と異なります。『システム部が経営に対して説明できない部分を説明するためにコンサルタントに依頼する』『自分の中では決めていることだけれど、言葉にできないので言葉にしてもらうためにコンサルタントに頼む』『新しい技術を試してみたいけれど、自分たちでは勉強できないので、知識のあるコンサルタントに委ねたい』といった目的であることが多く、コンサルタント自身も『それがコンサルタントの仕事だ』と思っている節があります。その結果、形としてコンサルタントを求める発注者と、その形を整えることを得意とするコンサルタントという構図でうまくいっている事例があります。また、コンサルタントがユーザーとベンダーの間に立ち、ハブの役割を果たそうとすることが、かえって双方の距離を広げているケースもあります。そのような現状に失望しかけることもあります」（早乙女）

コンサルタントはＳＥの「上がり」ではないが、早乙女はコンサルタントになることで得られた高い視座を通して、自身の経験の活かしどころを見いだしている。コンサルタントとしての専門領域はリスクマネジメントやセキュリティ関係だが、「本質の部分では、『ＩＴシステムを活用することの全体』を自分の仕事だと捉えています」と話す。この「全体」という言葉に早乙女らしさが表れており、それは簡単にいえば「一般社会から見たＩＴの価値を高めること」につながる。それはＩＴ業界そのもののことでもあり、この本質の部分を今も追求することが生きがいだと言う。

「自分のような考え方は、もうかるコンサルタントではないのかもしれません。しかし、もうかることが本当に大切なのかと思ってしまうのです。私は長年ＩＴ業界でお世話になったので、ITのより良い使い方を考えていきたいし、ITをよりうまく使える人を育てていきたいと思っています。その結果としてITを使って社会全体が豊かになればいいし、その点で自分がある程度貢献できることを望んでいます」（早乙女）

コンサルタントをやっていく中で視座がだんだんと高くなってきた

40代の初めに、それまでの早乙女の仕事ぶりを見たベンダー時代の上司から誘われ、コンサルタントに転身した。SE時代は自分とその周囲の仕事で手いっぱいで、IT業界全体のことなどを考える余裕はなかった。コンサルタントとしてクライアント企業のマネジメント状況や課題を聞き、改善策を考えることを繰り返す中で、徐々に考え方がシフトしてきた。そうして視座が少しずつ高くなっていき、今は業界全体を俯瞰した見方ができるに至った。

SEとコンサルタントの一番の違いは、視座の高さにあると早乙女は考えている。コンサルタントの視座はSEより高くなるが、コンサルタントになったからといって突然見方が進化するものではなく、ＳＥ時代の技術の捉え方がそこに現れるという。

「ＳＥであっても、技術をどのように捉えるかは人によって大きく異なります。自分は20年弱のＳＥ経験の中で、技術をあえて『大雑把に捉える力』を養ってきたと思っています。これこそがより本質的な見方に通ずるもので、技術の移り変わりの激しい今の時代はＳＥとしても不可欠な力だと思います。個別の技術を深掘りだけしていくと、その技術が廃れてしまったら終わりです。１つの技術を追求するにはかなりの労力がかかりますから、ダメになったからといってほかに目を向けるのも容易ではありません。それは由々しき事態です。今のように技術がすごいスピードで変化すると、末端の技術を追いかけているだけで忙殺されてしまい、大雑把に本質を捉える力が育ちにくい状況にあることを危惧しています」（早乙女）

大雑把に捉える力は、ある程度は経験や年齢を経ることで身につくが、必ずしもそれだけではないはずだ。当時の上司は、そうした資質にいち早く気づいていたに違いない。

「SEとして上に行くタイプの人は、自分という一人称の視点でプロジェクトを引っ張っていくタイプが多いように思います。『オレがやるからついてこい』とか、『オレが責任を持つから、全部お前がやっておけ』もそうです。一方で、私のようなタイプは一人称ではなく、三人称的な視点で広くものを見る。自分が引っ張るより、これが得意なあの人にやってもらったほうがいい、というものの見方です。このような見方は、頭脳と肉体の両方を使うホワイトアンドブルーカラー的なSE社会ではあまりメジャーではありません」（早乙女）

つまり、SEとしての勝ち組は視座の高さとは関係なく、むしろ一人称で物事を見るタイプである。SEとコンサルタントのスキルは関係ないとは言わないが、SEとして評価されるタイプはコンサルタント的な見方を持っていない可能性もある。

早乙女はSE時代に「システム監査技術者」の資格を取得している。ITガバナンス向上やコンプライアンス確保を担うシステム監査人となる同資格は、合格率15・1％（平成29年実績）という難関資格。高い視座が求められる資格でもあり、前職の会社の社員数は多いが、取得者はほとんどいなかった。早乙女は何度かこの資格に挑戦する中で、三人称的に見るコツに気づき、合格できたと振り返る。

前職時代に学んだこと、結局は「人」

「私が恵まれていると思うのは、SE時代の上司が『エンドユーザーのことを考えてものを作るべき』と教えてくれたことでしょうか。『ITを使う人はどう考えるか、これを作ることでどんな効果があるかといったことを考えなさい』と言われ続けました。その結果、『ITを活用することで世の中をどう良くしていくか』という考えが自分の中の柱として出来上がったと思います」（早乙女）

前職時代は、比較的短いサイクルの多彩なプロジェクトを多数経験し、20代のときの配置転換で4人くらいの小さな課の予算を任されたことがあった。小さな組織とはいえ、予算はどう作られるのか、といったことを20代で経験できたのはとても大きかった。いろいろあって、結局この仕事は「人をどうするかだ」と痛感した。そのとき不可欠なのが、前述した「三人称的な視点」だ。

「別の言い方では、スペシャリストとジェネラリストともいえます。個別の技術を深めるスペシャリストに対して、やはり本来のコンサルタントにはジェネラリスト的な才覚が求められるのは間違いないです。ただ、それも時代によって変わるものだと感じています。ある時期はジェネラリストが足りないといわれていたし、スペシャリスト待望論が出た時期もありました。個人的には、今はジェネラリストがまったく足りていないと思っています。技術を深掘りして話せる人はたくさんいるけれど、全体のバランスを見て組み立てられる人が少ない」（早乙女）

「メインフレームからオープン化が急速に進んだことで、技術的に学ぶものが飛躍的に増えてしまった影響もあるでしょう。そう思うと、若い世代のSEはかわいそうにも思います。新しい技術をキャッチアップし続けろと言われる一方で、仕事としてはコミュニケーションを含む『人』の部分ができなければやっていけない。現場は常に追い込まれているので、総論がわかる人材が育ち難いと思います」（早乙女）

最近主流となっているＷｅｂ環境では、アプリケーションのコア技術がかなりの部分を決めてしまうため、オタク化したアプリケーションエンジニアが大量に出てきた。かつてのＳＥ社会とは明らかに異なり、スペシャリストに活躍の場が多い時代であるといえる。一方で、オタク化したアプリケーションエンジニアが大量にいるなら、そのアプリ同士をつなぐジェネラリストの必要性が増すという見方もできる。

これから強みを発揮するジェネラリストとは

早乙女は同じ50代のＳＥに、本来あるべきコンサルタントとしての適性を語ってくれた。ＳＥとしての経験と技術があるからといって、誰もがコンサルタントとしての適性があるとはいえない。必要なのは「能動性」「俯瞰性」「バイタリティ」の３つだと答えた。

「今のように情報が多い時代に受動的だと、入ってきた情報に対してわかった気になってしまいますが、きちんとわかる、理解できるという状態になるのは自分から能動的に動いて手に入れた情報です。たくさんの情報でなくていいので、1つでも自分自身が動いて手に入れて確かめたものが、確かな知識になる。だから、能動性がとても大切です。ところが、いくら能動性を重ねても、全体を見渡す俯瞰性がないといけない。これはセンスも問われるところではありますが、新しいものを10個見つけたとして、その累計の中にどんな傾向を見いだすことができるかが大事だということです。しかし、結局はバイタリティがないとこれらを維持できない。少々センスはなくても、しつこく、いつまでも続けられるということも才能の1つだと思います。最終的には、体が丈夫かどうかに左右されることも多いと思っています」(早乙女)

そうしたことを総括すると、ある種の「完全性」という言葉が当てはまるという。要求された機能だけを書き連ねるだけの状態から、全体を俯瞰してリスクマネジメントとして必要なものを感覚的に気づけること。さらに、プロジェクト単位でもそういった完全性を担保するのがジェネラリストであるコンサルタントの仕事だ。

人材育成やケース研究などを通して業界に貢献

ＩＴ業界全体を見据えた活動として、数年前から情報サービス産業協会（JISA）の「プロジェクト健全性評価研究会」に参加している。同研究会は、プロジェクトのステークホルダー間の意識共有や合意形成を俯瞰してプロジェクトを評価することで、ＩＴシステムやプロジェクトの健全性を高めようというもので２０１０年から活動を継続している。

従来の情報システム開発は受託者が中心で、発注者から受託者へ、プロジェクトリーダーからメンバーへというように一方向での進め方が目立つ。そういった旧来的なシステム開発に対して、すべてのステークホルダーが連携し合って進めていくことに「健全性」があるという考え方の下、具体的なケース評価などを行いながら、プロジェクト健全性評価指標などを作成している。

「プロジェクトの健全性を評価する際は、それぞれのプレイヤー間でどんな意見の違いがあるかを表出化するところから始めます。違うからといって、どちらかが良い悪いということではなく、入り口としてのズレを認識することが大切です。大規模なプロジェクトでは、発注者と受注者間、ユーザーとベンダー間で齟齬があった場合に要件定義の問題だとされることが多い。その結果、要件定義の書き方の問題だとされてしまいますが、実際は要件定義に至るまでの合意形成の問題であることがほとんどです」（早乙女）

「日本人は、基本的にお互いを信じているので、RFP（提案依頼書）をしっかり書き込む、十分に読み込むということをせず、ある程度信頼関係の中で補いながらやっていこうとするのが普通になってしまっています。本来は中身を固める前に合意形成するのは当然のことだと思うのですが、現実はそうなっていないのです。私自身、同様のトラブルに直面したことがあり、その問題を整理するようなフレームワークを作ってみようとしたところ、JISAがこのような取り組みをしていることを知り、参加しました」（早乙女）

もう1つの重要な柱に人材育成もある。圧倒的に足りないと感じているジェネラリストを育成するため、ケース研修の講師や研修のフレームワーク作成などを積極的に引き受けている。定性的なものやあいまいなものを身につけさせる手法に興味があり、答えを教えるやり方ではなく、命題に対して自分自身はどう思うかを問うことで、ジェネラリストとして必要な能動性を身につけられればと考えている。

問題の本質を見過ごさず、業界の健全性を高めたい

問題の本質が見過ごされる現状に対する危機感も、早乙女がこうした活動を行う原動力になっている。

「残念なことに、全体を見る経験もなく、教科書でフレームワークを勉強しただけの自称ジェネラリストが少なくない。例えばセキュリティでは、ISMS（情報システムマネジメントシステム）のような底上げ的なレイヤーがあり、最近よく話題になるテロ対策のようなレイヤーがあり、その間にもそれぞれの層に応じたセキュリティがあります。セキュリティ対策では、守るべき重要性に応じた手段を選択する

ので、まずはリスク分析が中心にならなければおかしい。例えば、『監視カメラをつけるか、つけないか』という判断をするには、その前に『そこに監視カメラを付けるだけの重要性があるかどうか』を分析する必要があります。本来ならば、そこで資産を振り分けて、適正な対策が打ちやすいように構造を整理すべきです」（早乙女）

「しかし、それはとても手間がかかることなので誰もやろうとしないし、そのための手順も確立されていません。多くはベンダーに勧められるまま、セキュリティソフトを組み込むだけ。ユーザーも『何を入れれば安全？』『最近出たソフトはどう？』『導入事例を教えて』といったことしか聞いてきません。確かに、愚直に構造を整理して、分析をして、答えを出すという作業は大変です。だから避けて通ることが多いですが、そこが本丸ではないのか、と問いたいのです」（早乙女）

また、システム監査についても、定められた手順通りに進んでいるかどうかを確認する形式監査が主流で、それだけで「うちは監査が入っているから問題ない」とするケースが目立つ。本来は、例えばプロジェクト健全性評価が推奨するような、すべてのステークホルダー同士がお互いの立場を理解した上で協働しWin-Winの関係を保つことなど、高い目標を掲げるべきだが、実際にはそのような取り組みは少なく、改善すべきことは多いと感じている。

「今はこうしてコンサルタントという仕事をしつつ、JISAやIPA（情報処理推進機構）の委員などもやらせてもらって、そういう活動から刺激を受けている部分が少なからずあります。今後は業界や広い範囲に対して貢献するような活動に軸足を移していければと思っています。50歳を過ぎた今、何が大切かと問われたら、私は『生きがい』としての『本質の追究』もしくは『自分の存在意義』だと答えます」（早乙女）

7-2 インフラ系SEから気象予報士へ、子どもの頃からの夢がかなう

日本IBM ワトソン事業部 アジア・太平洋気象予報センター センター長
網野 順（56歳）

日本IBMが設立したアジア・太平洋気象予報センターのセンター長を務める網野は、子どもの頃から地球や宇宙が大好きで地球科学系の大学院に進学したが、職業として選んだのはSEだった。気象予報士試験に合格するも、仕事に活かそうと考えていたわけではない。そんな網野が50代になって気象予報の仕事に就く。運に左右されたところも大きいが、自分でも意識しなかったSEとしての取り組みが、子どもの頃からの夢につながったという。

地球科学専攻だからこそコンピュータに興味

子どもの頃から宇宙や地球の話題が好きだという日本IBMの網野。卒業後は同

社で製造業の顧客担当ＳＥとして働いてきたが、個人的に取得した気象予報士資格を活かし、２０１７年からアジア・太平洋気象予報センターの責任者を務めている。長年ＳＥとして働きながら、50代になって、ついに子どもの頃からの夢をかなえたのだ。

「宇宙や地球科学の本をたくさん読んで育ち、高校時代も地学が一番得意でした。大学院は地球科学系に進み、地震や火山などを勉強しました。宇宙や地球科学という学問では、卒論や修論を書くとき当然のようにコンピュータを使います。大学の授業でもコンピュータの授業があり、それがコンピュータと初めて触れた体験でした」（網野）

当時のプログラミング言語はFortranが全盛で、大学生のとき、Fortranでプログラムを書くアルバイトをしたこともある。そのFortranを作ったのがＩＢＭである。当時、ＩＢＭのメインフレームは、世の中のコンピュータの大半を占め、ほかのコンピューターメーカーもＩＢＭの互換機を作っていた。

「自分としては地球科学に一番興味がありましたが、いざ就職活動を考えると、コンピュータも面白そうでした。悩んだ末に、Fortranを作り、世界中で使われている汎用機を開発したIBMならばと、この会社に入ることを決めました。大学時代の同級生の何人かと同じように気象庁に入る道もあったかもしれませんが、当時の私はコンピュータのほうが魅力的に見えました」(網野)

インフラ系SEとして経験を積みつつ、趣味で気象予報士取得

IBMに入社して気象センターのセンター長になるまで、約30年間。まさか将来気象関連の仕事をすることになると思わず、SEとしてのキャリアをスタートさせた。入社当時のコンピュータは何億円もするような高価なマシンで、顧客には運用を支援するための担当SEがついた。網野は主に製造業を担当するお客様担当SEとなった。お客様担当SEは、先輩SEや営業担当者と一緒にお客様のところに行き、導入や運営の支援をするほか、ソリューション提案を行う。入社当時はメインフレーム全盛だったが、数年経つと、世の中はメインフレームからワークステーションへとダウ

ンサイジングしていった。

「当初担当していたのは自動車などの製造業のお客様で、メインフレーム上でCADやCAMを使って製品デザインなどをするところを支援していました。そういったシステムもだんだんとUNIX系ワークステーションに移行し、IBMでもワークステーション系の製品を出すようになり、私自身もそちらのほうを担当することになったのです。こうした変化が入社して10年くらいの間に起こりました。そうして、お客様担当SEという存在自体がなくなり、プロジェクト単位での担当SEとして、自動車、造船、鉄鋼、電気、建設など製造業のお客様を担当してきました。この頃から、徐々に自分の中でSEとしての軸足が固まってきたように思います」（網野）

SEの方向性を大きく分けると、業務に軸足を置いたアプリケーション系と、基盤に軸足を置いたインフラ系に分かれる。網野は後者のインフラ系に興味があり、インフラ系SEとして仕事をしてきた。SEとしての軸足が固まってきたちょうどその頃、気象予報士という資格制度が誕生した。

「子どもの頃から大好きな分野ですし、何の気なしに、本屋で気象予報士の問題集をパラパラと見てみると意外とできそうだなと思えました。地球科学系大学院の出身で、気象学が専門ではないものの、自分が勉強してきたこととそれほど遠くなかったのでチャレンジしてみようかと。ただ、気象予報士の試験は学科と実技があり、大学時代に学んだことに近い学科は大丈夫そうでしたが、天気図を使って予報するなどの実技はほとんど勉強したことがなかったので苦労しました。週末に気象業務支援センターが開催する勉強会に参加するなどしましたが、あくまでも個人の趣味の範疇。まさか将来仕事になるとは思ってもいませんでした」(網野)

40代からマネジメント職へとシフト

96年に気象予報士試験に合格したが、しばらくは趣味のまま。

「気象予報士に合格したとはいえ、（仕事でのメリットと言えるのは）お客様との会話のきっかけになり、覚えてもらいやすくなったという程度です。それはそれで有効なこともありました。仕事のほうはインフラに軸足を置いて、お客様のプロジェクトをやりながらＳＥとしての経験を積んでいきました」（網野）

ところが、２００３年頃になると、全体的にプロジェクトがアプリケーション寄りになってくる。インフラ系エンジニアでやっていこうと思っていた網野にとっては、あまり望ましい展開ではなかった。

「自分としては、やはりインフラ系でやっていきたいと思っていたので、この先どうしようかと悩んでいました。ＩＢＭは、インフラ系ＳＥが集まる日本アイ・ビー・エム・システムズ・エンジニアリング（ＩＳＥ）を１００％子会社という形で設立していた。自ら手を挙げてそちらに出向させてもらいました」（網野）

システム系ＳＥとして希望した出向先では、UNIX系のシステム構築の支援をはじめ、Webサーバーの技術支援などを行った。ラインのマネジャーである部長職に就任し、さらに、UNIXだけでなくサーバーやメインフレームなどのハードウエア全体をまとめた技術支援を行うシステム基盤技術センター長へと昇格した。出向から6年経った2010年には、47歳で執行役員にも就任している。50代に入ると日本IBMに戻り、40代から50代はかなり慌ただしく過ぎていく。

「技術的な責任者を経て役員になり、人数は小さな会社の経営陣として組織運営の勉強をしました。それが40代後半のことでしたから、その先60歳までどうやっていくか、3年くらいの単位でキャリアを捉えて1つずつ成果を上げていければいいかと思っていたときに日本IBMに戻ることになりました。戻った日本IBMでは、マーケティング&コミュニケーションの仕事の1つとして、IBMのお客様団体である『IBMユーザー研究会』を担当する部門の部長に就きました。同研究会はISE在籍当時から技術アドバイザーとして参加しており、技術的なこともわかると言うことで私が選ばれたようです」(網野)

米ＩＢＭが気象データサービス会社を買収

ＩＢＭユーザー研究会は２０１６年まで担当した。その間、２０１５年に米ＩＢＭが米国のザ・ウェザーカンパニーという気象会社を買収することになり、日本でも気象事業を始めることになった。そこで社内で気象予報士を探したところ、網野が浮上してきた。

「私は、いろいろなところで自己紹介をするときに気象予報士だと話していたので（笑）。社内にも私が気象予報士だと知っている人がたくさんいて、私のところに話が回ってきました。とはいえ、資格は持っていても気象予報士としての実務経験はありません。自分としては何十年もやってきたSEという仕事のことはよくわかっていますし、ISE時代に大きな組織を率いた経験を活かしてもう一度SEとして大きなプロジェクトリーダーをするという道も選択できました。ですから、そのときは『どちらをやるべきか』『どちらをやりたいか』と、とことん悩みました。しかし、子どもの頃から好きだったことへの思いが勝ってしまって、結局は気象事

業をやることに決めました」（網野）

通常、米ＩＢＭが企業を買収するとき、その企業の日本の現地法人も社員ごと買収し、日本ＩＢＭの社員になってもらって事業を推進する。しかし、ザ・ウェザーカンパニーは日本に現地法人がなく、ゼロから組織を作り上げなければいけない。加えて、気象事業は国の許認可事業であるため、気象庁に申請するなどさまざまな申請業務が発生する。

「米国と欧州にいるザ・ウェザーカンパニーのスタッフと英語でやり取りしながら進めていくという状況で、本当に大丈夫なのかとものすごく不安でした」（網野）

日本ＩＢＭ社内には網野以外にも気象予報士の資格を持つ社員がいて、気象事業を一緒に行うメンバーはいる。とはいえ、組織運営やマネジメントの経験があるのは予報士の中では網野1人だったため、網野が中心になってまったく新しい組織を作っていかなければならなかった。

気象データを新しいビジネスソリューションに

米ザ・ウェザーカンパニーは、多様なビッグデータをベースとした気象データの提供を行う世界最大手の気象情報サービス企業だ。米アップルや米ヤフーなど、名だたるWebメディア企業や欧米のテレビ局、航空会社など、世界中の企業に多彩な気象関連データを提供している。

同社の気象関連データでは、いわゆる天気予報のほか、ある気象現象が発生するリスク確率を判断する材料を提供する。顧客となる企業は、そのリスクに対して投資するかしないかの判断をすることになる。気象データは、500メートル四方単位、1時間ごとに15日先まで予測することが可能だ。

「これらのデータはすべてオリジナルです。すべての気象データはコンピュータシミュレーションで計算しますが、その基となるデータも自社で持っていますし、日本の気象庁をはじめ米国、カナダ、欧州の気象局など世界中からデータを集め、さらに世界中で行われている気象予報のモデル百数十個を集められるだけ集めてきて、その中で機械学習をさせ、モデルの重み付けをして最適解を出し、気象予報士が最終的な判断をするというやり方でデータを提供しています」（網野）

500メートル四方ならば、コンビニエンスストア1店舗の商圏に該当する。コンビニ店舗ごとに自分のエリアに限定した天気予報を得られるわけだ。

「代表的なところだと損害保険会社です。雨が降ると交通事故が増えるということから、事故による保険料を支払う保険会社は天気を気にしています。世界の航空会社や米国のマスコミも天気情報サービスを利用しています。日本ではサービスをスタートしてから間がなく、日本独自の事例のようなものはまだないので、欧米の成功事例を紹介している状況です」（網野）

SEのものの見方や考え方が気象予報にも活きる

大学院まで地球惑星科学を学んでいたとはいえ、それまで数十年にわたってやってきたSEから気象予報士への転身は、かなり大きなジョブチェンジに見える。しかし、意外にも共通点も多いという。

「SEはシステムでものを考えるところがあり、全体を見る目と同時に個々の部分を見る目がとても大事になります。かなりの大規模システムが、たった1個のパラメーターの不適切な設定のために動かないということもよくあるからです。天気予報も同じで、全体を見る目と個々を見る目のどちらも大切です。気象現象はスケールに応じて変わってくるもので、200キロメートル、1000キロメートルくらいの台風並みのスケールもあれば、竜巻のようなスケールなど、空間的・時間的なスケール感はとても重視しています。また、当社の気象予報は、気象予報士が24時間365日のシフト体制で運営していますので、チーム運営の中でも特に、組織作りにおいてマネジャーだったときの経験が活きていると思います」(網野)

ソリューション提案を行うという点においても、SEと気象データサービスの仕事はリンクするところが大きい。提供するツールに気象データが加わったというだけで、それをどうやって顧客のビジネスに役立ててもらうかを考えるということではほとんど変わらない。

「世の中には、農業のように自然に左右されるものがかなりあります。風力や太陽光などの再生可能エネルギーなどは気象がダイレクトに関わります。気象変化により生じるリスクなどを事前に把握し、説明できるようにするのが私たちのソリューションなので、より豊かで効率的、かつ経済的な社会作りに役立つはずです」(網野)

正確な気象データを出すために勉強する毎日

逆に、どこが一番違うか考えてみると、やはり「気象予報」を扱う点だという。

「気象予報には大きな責任があり、私には正確な気象データを出すというミッションが課せられています。その次が新しい組織を運営していくこと。一番責任がある気象予報はとても難しく、気象予報士の資格があるからといって十分ではありません。いかにたくさんの数値モデルがあったとしても、実際の天気はなかなかモデル通りにはいかず、やはり経験が必要です。気象モデルに現実の地形が簡略化されていることもあるなど、現実と合致しない部分は経験でカバーしなければいけないわけです。私はまだまだ経験が不足しているので、気象予報士として長年仕事をされてきた先輩たちに教えてもらいながら、日々勉強しています。天気予報が外れると家族からも厳しく責められるので、実は、家族のチェックが一番プレッシャーかもしれません（笑）」（網野）

日本ＩＢＭとしても気象予報データを提供することで、新しいソリューションにつなげたいという意図がある。メディア向け、保険向け、エネルギー向け、小売向け、航空向けというように利用ユーザーごとのソリューションの提供をスタートしている。ＳＥ時代の顧客から声をかけられることも多く、そのような面でもこれまでの経験の蓄積を感じる。

「かつて担当していたお客様など、たくさんの会社の方から一度説明に来てほしいと声をかけていただいています。先方は私が気象予報士資格を持っていることはご存じですが、まさか日本IBMにいながら気象の仕事をするなんて、と驚いています」（網野）

なりたいからといって、SEから気象予報士に転身できる人はほとんどいない。

しかし、AIやIoTが普及するのに伴って、IT周辺にいる人たちはあらゆる領域につながるチャンスが増えたのだと網野は分析する。

「私のいるアジア・太平洋気象予報センターはワトソン事業部の一部門ですが、人工知能ワトソンを使ったビジネス領域はかなり幅広く、教育や医療、アートの分野とも関わることができます。気象予報もその1つの分野です。ITを通じてさまざまな世界と接点を持つソリューションを提供できるならば、私のように昔から興味のあった分野に関わることはできるかもしれません」（網野）

あと10年だからこそ新しいことにチャレンジしたい

50代にさしかかり、「あと10年しかないからこのままでいい」と思うか、「最後の10年でなにかを成し遂げたい」と思うか。網野は後者の考え方だったから、気象予報という新しい分野にチャレンジすることができた。

「一般的に考えて、SEを続けたほうが安定していたと思います。でも、私の場合は子どもの頃から好きなことをやってみたかったという単純な発想でした。それで残り10年、60歳までの絵を描いてみて、何か1つくらい形を残せるようなことをやってみてもいいんじゃないかと思っただけなのです。54歳でスタートしたことですから、事業を立ち上げるだけでも2、3年たってしまって、残りはあと数年。ビジネスの目標はありますが、今のところ明確なロードマップが描けているとはいえません。将来の夢としては、日本にあるほかの気象予報会社に負けないくらいの規模の会社に育てたいという思いがあります。そこに向かって、まずはちゃんと組織が回って、自分たちだけでビジネスとして成立するような組織に育て上げることが第一歩

だと思います」（網野）

気象センターが立ち上がってまだ1年あまり。組織作りを進めつつ、気象予報士としての実践を積み重ねることで精いっぱいの1年間だったと振り返る。

「私たちが提供したデータがお客様の成果につながることが一番うれしいです。今は、目の前のことを必死でやるだけですね。ただ、そうやって1日を過ごして、仕事終わりにお酒を飲みながら、ふと『昔からやりたかったことを、今こうしてやっているんだな』と思うことがあります。この歳になってそんなふうに充実感を得られることがあるなんて、とても不思議な気持ちです」（網野）

「学ぶ」ことで見えてくるもの

COLUMN

社会人だからこそ大学院で学ぶ意義がある

欧米では、社会人としての実務経験を経て、大学などで再び学ぶ「リカレント教育」が進んでいる。そもそも大学に入学する年齢が一律ではなく、大学学部で30代、40代のクラスメイトがいることが当たり前。社会人になってから大学院で修士号や博士号を取得し、キャリアアップを果たすというやり方も珍しくはない。

少子化が進む日本の大学でも、働きながらでも通いやすい都心にサテライトキャンパスを設けたり、通信教育を実施したりするなど、社会人の受け入れに積極的だ。学位取得にはならないが、科目履修制度、公開講座などで目当ての科目だけを学ぶことも可能。最近注目の「MOOC（ムーク：Massive Open Online Courses）」は、オンラインで講義を公開するシステムで、大学や企業が公開するオンライン講義を無料で受講することができる。コンピュータ科学などの理系科目が充実していることも特徴で、基礎的な科学から最先端のデータサイエンスまで学べる。

資格を取得することでキャリアが開けることも

本書に登場したケースのように、趣味の資格（気象予報士）を取得したところ、思わぬところで仕事につながることもある。書店でテキストを入手して通勤時間に勉強することで取得できる資格など、コストもリスクも低いところで始めてもいい。

仕事に役立てることを前提とした資格なら、受験費用の負担や資格手当などが会社負担になることもある。一見すると仕事と直結していない資格でも、その知識が業務上役立つことは多い。例えば、国家資格の1つである中小企業診断士は、中小企業の経営課題の解決に向けた診断・助言を行う専門家だが、システム開発を行うエンジニアとの相性がいいそうだ。大手ベンダーやSIerに勤務するSEの中には「企業内診断士」と呼ばれる資格ホルダーがいて、上流工程での提案時などにその知識を活かしているという。定年後に中小企業診断士として独立開業することも可能だ。

これだけ学びの機会が豊富な今、学ぶ気になれば、いつでも学ぶことはできる。しかし、20代から40代は仕事に忙殺され、なかなかその余裕が持てない。もちろん50代以降でも仕事が忙しいことには変わりないが、長い人生を見据えて「仕事以外のやりがい」「職場以外の居場所」「会社以外の仲間」を見つけてはどうだろうか。

第 8 章

50代を楽に生きる行動様式

50 YEARS OLD SE'S WAY OF LIVING

特別なSEしか幸福になれないのか

本書では、12人の50代SEのストーリーを通じて、「50代SEが生き生きと働くこと」について考察してきた。12人のキャリアや技術志向はそれぞれ異なり、所属する会社の規模や社風もまるで違う。そんな中で彼ら彼女らなりに「やりたいこと」「自分に向いていること」を追究し、50代の今がある。

そんな彼ら彼女らを見て「大企業に勤めているから」「特別なスキルを持っているから」と特別視し、「だから自分にはできない」と思ってしまう人もいるかもしれない。今現在、50代SEとして閉塞感を抱いているならなおさらだ。しかし、生き生きした50代は特別な人のものではないと伝えることが本書の狙いでもある。

そこで、ベテランSEならではの経験や考え方を活かし、誰もがより良い50代を送るためのヒントを、産業ジェロントロジー（老年学）の第一人者であり、「60歳新入社員研修」を行うなど、シニア社員活用を推進する産業カウンセラーとして活躍する、株式会社自分楽代表取締役の﨑山みゆきさんに聞いた。

ロールモデル不在で不安が募る50代SEたち

今ITの現場では、大量のシニア社員が余っているにもかかわらず、人手が不足しているというアンバランスが生じている。そういう状況にありながら「自分のやりたい仕事ができない」と嘆くベテランSEの声を多く聞くが、自分が何をやりたいのかを認識しているベテランSEは少なく、どこを目指していいかわからずに苦しんでいる状況にあるのだという。

「現在50代のSEの皆さんは、好景気の頃に業界に入ってきて、最先端のカタカナ職業で活躍してきました。専門職だから将来も安心で、お給料もよく、定年まで勤め上げれば退職金もしっかりもらえるはずでした。ところが、今は安泰な世の中ではありません。日本全体で見れば高齢化社会に突き進み、ロールモデルのない中でどうやって生きていけばいいのか、シニア世代が感じている不安は大きいと思います」（﨑山）

特に大きいのが、年金がもらえるかどうかだろう。雇用延長が増えているとはいえ、役職定年により早々に昇給がストップし、経済面での不安は計り知れない。しかも、40歳以降になると新しいことを覚える能力はどんどん下がり、最先端技術をキャッチアップできなくなるため、技術者としての不安も増す。

「50代になれば、体の老化のほか、20代とは異なるライフイベントの増加も意識しなければいけません。20代のライフイベントは、『就職』『仕事』『結婚』『出産』など、何かを得る、増やす、加わるようなイベントが中心です。ところが、40代くらいから、『家族との死別』『離婚』『退職』『子どもの巣立ち』など、失うことが増えます。大切なものをなくすことのストレスは大きく、50代にうつ病患者が多いのもうなずけます」（﨑山）

変われないのなら、無理して変わらなくていい

社歴でも年齢でも部署内で一番上なのに、年下上司の下で働くことになってやる気

を失ってしまう人もいる。現場主義のエンジニアではよくあることなのだが、それは必ずしも能力が低いからではない。そういう人は、年下上司と衝突して苦労することが多いという。

「年下上司からすれば、どうしても譲れないことがあります。それが原因で、年上部下と軋轢を生むことがあります。実は、人付き合いの問題なんですね。しかし、ある程度の年齢以上になると、それも仕方のないことなのです」（﨑山）

﨑山さんが専門とする老年学（ジェロントロジー）では、加齢によって適応力や順応力が衰えるという。そのため、周囲の環境がどんどん変わるのに、自分は周りに合わせられない。適応できないので仕事ができない、職場に残れないという悪循環に陥る。

「周囲に合わせることができない人の多くは、今までは周囲の人が自分に適応してくれていたので、自分自身は変わらなくても済んだ可能性が高い。だから、今とても苦労しています。変わりたくなければ、自分に順応してくれる人を見つけるしかありません。私は新入社員や若手社員向けの研修をすることもありますが、20代の人たちには『自己分析をして自分を変えましょう。それが成長することです』と話します。一方、40代以降の人に対しては『自分を変えようとしなくていい。自分を変える能力はどんどん落ちていますから、自分を受け入れてくれる人や自分にないものを持っている人を周りに置いてください』と言うのです。さらに『若い人に任せましょう』『苦手なことからは逃げましょう』と繰り返し話します。そういう環境を自ら作り出すことができれば、シニアになっても自分のやりたいことだけやることができます」（崎山）

顧客から雇用延長を懇願されるほどの専門性があるか

当然ながら、極めて専門性の高い技術を持っていれば、シニアエンジニアとして活躍する近道となる。崎山さんが知るベテランＳＥの中には、顧客が会社に対して「定年になっても雇用延長をしてくれないと困る」と訴えるようなエンジニアもいるという。

「その人は保険会社のメインフレームのメンテナンスをしているエンジニアなのですが、ＩＴの知識のみならず、クライアント企業の担当者に匹敵するほどの業務知識を持ち、いなくなっては困る存在です。金融業界ではこのような理由から重宝されているシニアエンジニアが多数います」（﨑山）

近年、シニアエンジニアを積極的に採用している企業が増えているが、そのような企業が期待しているのはシニアエンジニアならではのスキルの高さだ。オーディオ専門店として買取・販売を行う「オーディオサロン」を運営するハードオフコーポレーションは、ソニー、デノン、ビクターといった日本のオーディオメーカーを定年退職したエンジニアを中心に採用。顧客のほとんどもシニア層であることから、シニアエンジニアの採用戦略を取っている。

「シニア採用の背景には、同社会長兼社長、山本義政氏の『団塊世代のためのオーディオサロンだから、団塊世代の雇用でやりたい』という思いがあるそうです。オーディオの古い部品はかなり高価で客単価が高く、それでも喜んで購入してくれる層がターゲットです。シニアエンジニアたちには高い技術力という強みもありますが、それだけでなく、今ではほとんど手に入らないような古い部品でも、昔の人脈などを使って見つけ出せるところが大きく評価されています」（﨑山）

今からでも身につけたい3つの要素

若い頃のような体力や順応性は衰え、技術力も特別なものがないとすれば、どうすればいいのか。﨑山さんは、３つの能力を身につけることで、50代以降の働きやすさ、生きやすさは大きく変わると説く。

１つめは「教え方」のスキルだ。技術力を武器に戦ってきたエンジニアの中には、常に第一線にいたために、後輩や部下を教えてこなかったという人も少なくない。

「人に教えてやらせるより自分でやったほうが早いと考え、後進を育てず、50代になって後悔しているという話をよく聞きます。後進育成というと『技術を教えること』だと思われがちですが、身につけるべきは『教え方』です。その能力は今から

でもトレーニングすることができます」（﨑山）

2つめは、「ほかの市場で自分を活かす能力」。多くのSEはIT業界で働き続けるだろうが、もしもIT業界で行き詰まっているなら、別の業界で自分を活かすことができないかと、違う視座で見てみることも重要だという。

「小売業のシステムを担当していた人ならば、小売業界で強みを発揮するチャンスはあります。異業種に転職しないにしても、自分はどの業界でやっていけそうか、キャリアやスキルの棚卸しをしておくだけでも違います。実際に異業種に転身するとなれば、付き合う人や文化・風習などがガラリと変わりますので、そのような変化に対応できるかどうかがポイントになります」（﨑山）

3つめは、「資格」を持っていること。もちろん、どんな資格でもよいわけではなく、国際的に通用する資格であれば理想的だ。

「近年のグローバリズムを考えると、米国や中国で通用している資格を持っているとと有利です。シニアになって時間的余裕があるなら、国内でしか通用しないのに難易度が高い資格を目指すより、大学院に行って修士号や博士号を取得するのもいいでしょう。欧米や中国では修士号、博士号を持っている人は珍しくないので、彼らとの会話の糸口にもなります。大学院に行くのは難しいなら、せめて業界内で価値の高い資格を取得してほしいと思います」（﨑山）

「技術以外の何か」をどれくらい持っているか

資格を含む専門性を持つことはキャリア形成にとって有効だが、それだけで安泰といえないのも現実。技術の中には数年のうちに消えてしまうものもあるが、そのときこそ「技術以外の何か」が重要になると﨑山さんは話す。

「メディアでうたわれるような『これさえ身につければ一生安泰！』というスキルなどありません。ただ、新しい技術が登場したときには、ベーシックな科学の知識をきちんと身につけている人が強い。あるメーカーでは、ベテラン社員が新入社員に対して機械工学などの基礎科学を教える研修を行っているそうです。それまでは、仕事がうまくいかないと『自分はできない人間だ』と落ち込んで退職してしまう若手社員がいましたが、失敗を科学的に検証できるようになってから退職する若手社員が減ったといいます。このような技術のベースとしての科学的知識はシニア世代の強みです。同様に、これからを生き抜くスキルとしては、リベラルアーツ（教養）が力を発揮します」（﨑山）

ビジネスの世界では、ＭＢＡ（経営学修士）と、美術や音楽などの芸術系専攻のダブルメジャー（複数専攻）が人気だ。というのも、ビジネスでは、感じ取ったものを論理的に組み立てる「論理的思考」と「感性」の両方が必要になるからだ。

「遊びがない歯車は摩耗して壊れてしまうように、〝遊び〟が必要なのはシニアエンジニアでも同じです。結局のところ、50歳以降になると、技術だけではかなりしんどくなってくるのではないでしょうか」（﨑山）

50代以降の世代には、技術以外のスキルとして基本的なビジネスマナーを学んでほしいという。若い世代は学校や新入社員研修などで携帯電話の使い方やマナーをしっかりと学んでいるが、40代以降はほとんどそのような教育を受けていない。電車など公共の場所でも、携帯電話に向かって大声で話している高齢者も目立つ。職場の中で「老害」扱いを受けないためにも、改めてマナーを学ぶ必要はあるようだ。

「いい大人なのにと思うかもしれませんが、いい大人だからこそ、基本的なことができなくなる理由が3つあります。1つめは『できて当たり前』だと思い込んでいるから。2つめが『みんなが知っていることを当たり前だと馬鹿にする』から。3つめが『適応することが怖い』から。自分が知らないことや変わることは怖いくせに、知っていることは『当たり前』と言って馬鹿にする。そうやって常識知らずな老害になってしまうのです」（崎山）

「ダブルワーク」で成功する人の条件

技術以外の能力を活かす方法として、﨑山さんは「ダブルワーク」を推奨する。今まで仕事の8割を技術によって稼いでいた人は、技術の割合を7割とか6割くらいに減らし、その分を違う分野の仕事で稼げるようにする。さらに年齢を重ねるに従って、その割合を少しずつ変えていくことで2つの収入源を確保するという考え方だ。

「60歳の方々の雇用延長をサポートしていますが、起業やフリーランスへの転身はかなりのリスクがあります。収入は不安定になり、家庭内不和の原因になっているケースも多く見てきました。なので、できる限り今の会社は辞めずに、生き生きと働く方法を模索してほしいと思っています。副業を会社が認めていない場合は難しいかもしれませんが、趣味の範囲でとどめるにしても、二足のわらじ、三足のわらじというやり方を検討してみてはいかがでしょうか」(﨑山)

ただし、ダブルワークをする上で絶対に守らなければいけない、重要な条件がある。それは「口が硬い」こと。

「秘密をきちんと守れるのはもちろん、情報漏洩のリスクに敏感であることが必須です。残念ながら、今の60代以降はそのようなモラルがとても低い。50代以降でしたらまだそういった教育を受けていますが、それでもかなり危うい人を見かけます。リテラシー、コンプライアンス、モラルという点については、一度きちんと学んでほしいと思います」（﨑山）

「異業種交流会」や「科学教室」で自分の価値を再認識

外国人と比べて、日本人は自分の専門性を理解していないといわれることがある。長く同じ会社に勤めて自分の業界しか知らず、外と比べることができないので、自分の持つ専門性が世の中においてどのような価値を持つのか客観的に把握していないのだ。

「自分の専門性を知り、かつ人に伝える方法としては、異業種交流会などに参加することをお薦めしています。そのような場で異業種の人に自分の仕事を説明し、きちんと理解してもらえるかどうかで大きな違いがあります。高齢になるほどそのトレーニングをするべきだと思います。自分の専門とする仕事がどんなもので、どのように優れているか、まったくの畑違いの人に説明してわかってもらえるなら、その人はどこに行ってもやっていけます。逆に、それができないようならば、将来的に厳しいと言わざるを得ません」(﨑山)

もうひとつの能力トレーニングの方法として、子どもの理科教室、科学教室の先生なども薦める。公立小学校でのプログラミング授業の必修化が検討され、STEM(Science, Technology, Engineering and Mathematics) 教育が世界的に広がっていることを受けて、子ども向けのプログラミング教室や科学教室などを開く企業が急増しており、理系的バックグラウンドを持つ人ならば先生になるチャンスがある。

「子どもに教えることは、わかりやすい言葉で伝える訓練になりますし、社会貢献としての意義も大きい。子どもに喜んでもらえるという楽しみもあります。50代以降の男性が誰かに褒められることはほとんどありませんが、子どもから『すごいね』

と言ってもらえればかなり元気になると思います」（崎山）

高齢になると自分の衰えを感じて落ち込むことが多いが、実はまだ成長している、人より優れているところがあると知るだけでも新たな一歩が踏み出せるようになる。自信を失いかけている人は、そこから始めてみるのもいいだろう。

50歳SEの生き方

2018年5月28日　第1版第1刷発行

著　　　者　松山貴之、牛島美笛
発 行 者　吉田琢也
発　　　行　日経BP社
発　　　売　日経BPマーケティング
　　　　　　〒105-8308　東京都港区虎ノ門4-3-12
装丁・制作　マップス
カバーイラスト　石田裕子
印刷・製本　大日本印刷

ISBN978-4-8222-5841-2

本書籍に関するお問い合わせ、ご連絡は下記にて承ります。
http://nkbp.jp/booksQA